아유타국에서 가야까지

아유타국에서 가야까지

손순이 동화집

| 책을 내면서 |

허황옥 공주님께서 아유타국에서 가야까지 오시는 길목,
머문 곳마다 사랑의 표시인 두 마리 물고기 쌍어를 남겼습니다.
미스트야 물고기가 자기를 키워준 최초의 인류 마누를 도운 인도신화.
미스트야는 홍수가 나자 온갖 생물의 종자를 실은 마누의 배를
산꼭대기에 올려 마누의 은혜에 보답했습니다.
이처럼 신령스런 물고기 신화를 불교와 함께 가야에 전한 허황옥 공주님.
부산에서 경전철을 타고 수로왕릉역에 내려 봉황교에 도착하면
바로 쌍어를 만날 수 있습니다.
김수로왕릉의 납릉정문에도 두 마리의 물고기가 있지요.
가야의 절 은하사 뒷편의 산 이름도 신어산이랍니다.
수호의 신, 재물의 신, 다산과 풍요의 상징인 쌍어의 신화를 전하려고
인도에서 가야까지 오신 허황옥 공주님과 금관가야의 김수로왕은
우리나라 국제결혼 제1호입니다.
사람들이 가야역사를 아끼고 나아가서 우리나라 역사에 큰 영향을 끼친
인도에 한번 다녀오시길 권합니다.

2019년 초여름 초읍에서

혜원 손 순 이 합장하오며

차 례

책을 내면서 · 5

제 1 부 반려동물 이야기

아빠와 치맥 한잔	15
난감하네요	19
이젠 헤어지지 말자	24
반려견 놀이터	27
밥 먹는 소리	30
반려동물 요양원	33

제 2 부 **궁금해요**

아라비아 숫자의 비밀   39
새똥 때문에   44
아쿠아맨   47
미세 플라스틱이 나쁘대요   52
멕시코 제삿날   55

제 3 부 **즐거운 역사탐방**

나한님이 된 일곱 도둑	61
회암사지 보물을 찾아서	67
세계유산 조선왕릉 - 광릉에 가다	72
보길도 여행	76
함안의 아라가야	86

제 4 부 **박물관에 놀러가자**

박물관에 놀러가자 1 - 국립미륵사지유물전시관   93
박물관에 놀러가자 2 - 백제역사 유적지구   97
박물관에 놀러가자 3 - 왕궁리유적전시관   100
세계 박물관의 날   103
간월암과 무학대사   106
암각화를 그리는 소년   111

제 5부 전쟁은 싫어요

전쟁이 나면 어떡해요?	119
남북 문화유산 공동발굴	124
삼일절	128
독도는 우리 땅	133
오늘의 나는	139

제 6 부 부산 사랑

부산근대역사관   147
부산시민공원   152
편두미인   158
가덕도 외양포   164
황지 - 낙동강 발원지   168

제 7 부 **인도에서 가야까지**

현명한 쇼핑	173
강릉까지 혼자 간대요	176
은성갱에서	183
연필로 밥 먹는 나라	187
인도에서 가야까지	193

제1부
반려동물 이야기

아빠와 치맥 한잔

"오늘 치맥 한잔 어때?"
"아니, 우리 똘이와 같이 놀아야 해. 내가 바빠서 며칠 못 놀아줬더니 이 녀석이 스트레스가 이만저만 아니야."
"그럼 너희 집에 가서 한잔 하자."
아빠 친구가 치킨을 사 들고 집으로 놀러왔어요.
똘이는 치킨냄새를 맡고 기뻐서 현관문으로 쏜살같이 달려갔어요.
치킨을 먹는 날은 똘이도 아빠처럼 맥주를 마시는 날이거든요.

아빠가 탁자 위에 치킨상자 포장을 풀고 캔맥주 3개를 놓았어요.

"왜 맥주가 3개야. 먹고 나서 냉장고에서 꺼내지."

"우리 똘이 맥주야."

"똘이에게 맥주를 주다니. 탈나면 어쩔려구."

"하하! 이건 무알콜 맥주야. 맥아 보리와 미네랄이 함유된 '도그비어'야."

아빠는 똘이의 맥주를 따서 그릇에 부어주었어요.

이 맥주에는 입냄새 제거, 소화기능 개선에 도움을 주는 페퍼민트가 첨가되어 있어요.

아빠는 서울우유 연구소와 수의사들이 공동으로 개발한 반려동물 전용 우유도 사온답니다.

가끔은 간편식으로 만든 삼계탕이나 오리탕도 사오는데 진짜 맛있어요.

똘이가 먹는 걸 보고는 "똘이가 먹는 것만 봐도 내 배가 다 부르네." 하지요.

아빠랑 산책 갈 때, 미세먼지가 많은 날에는 마스크도 같은 색으로 끼고 나가요.

그러면 다른 개들이 부러워서 쳐다보지요.

아빠 친구는 똘이가 치맥을 먹는 걸 신기하게 보는군요.

"너에게는 똘이가 자식이나 다름없구나."

"그럼, 내 마음의 상처도 낫게 해준 은인이지."

똘이 아빠는 사귀던 여자와 헤어져서 마음이 무척 아팠대요.

그런데 똘이를 키우면서 마음의 상처가 차츰 치유되었다고 해요.

똘이도 아픈 과거가 있어요.

전에 같이 살던 주인은 똘이를 학대하고 굶기기도 했어요.

그러다가 비오는 날 똘이를 데리고 드라이브 나갔다가 낯선 곳에 버렸어요. 지금 아빠가 빗속에서 오돌오돌 떨고 있는 똘이를 구해주지 않았더라면 죽었을지도 몰라요.

똘이는 목줄이 채워져 묶인 채로 버려졌는데 처음에는 다가오는 아빠를 거부하며 크게 짖었어요.

똘이가 아빠 손을 물었는데도 아빠는 담요를 꺼내 똘이를 감싸주었어요.

그때 따뜻함을 느낀 똘이는 아빠에게 의지하고 싶어 얌전히 아빠 품에 안겼어요.

똘이는 어릴 적 트라우마가 남아서 낯선 사람을 만나는 게 두려워요.

하지만 아빠와 함께하면 그 두려움을 견딜 수 있을 것 같아요.
똘이는 아빠바라기에요.
아빠도 똘이만 있으면 된다고 하지요.
하지만 아빠의 엄마가 오시면 똘이를 미워해요.
"이 녀석 때문에 우리 아들이 여자에게 정을 안 주지."
"엄마 그만해요. 우리 똘이 때문에 내가 마음의 병을 고쳤잖아요."
"그래 그래. 더 기다려 보자. 나도 며느리도 보고 손자도 안고 싶구나."
아빠의 엄마는 한숨을 쉬면서도 똘이를 쓰다듬어 줍니다.
'자식이지만 다 큰 사람이라 마음대로 안된다'며 혼잣말을 삼키지요.

아빠와 치맥을 함께 먹는 이 즐거움!
역시 치킨은 맥주와 함께 먹어야 제맛이네요.
아빠 친구가 돌아가고 난 후 똘이와 아빠는 소파에 나란히 누워 TV시청을 즐겼답니다.

난감하네요

"목사님, 우리애가 죽었어요. 천국에 가게 장례식장에 오셔서 기도 부탁드립니다."

"네? 어제 만난 그 외동딸이요?"

"아휴, 무슨 말씀을."

손수건으로 눈물을 훔치던 박여사가 그제서야 얼굴을 펴고 말했어요.

"제가 십 년 동안 기르던 애견 호야가 죽었어요."

"주일 예배와 설교 준비 때문에 시간이 안 나는군요."

K목사는 상심이 큰 박여사의 청을 들어주지 못해 민망했어요.

그래도 누구는 해주고 누구는 안 해줄 수가 없어서 반려동물 장례식에는 참석하지 않는 걸 교회규정으로 정했어요.

요즘 자신이 믿는 종교에 따라 반려동물 장례식을 치르는 사람이 부쩍 많아졌어요.

기독교나 천주교에서는 원칙적으로 반려동물은 영혼이 없다고 생각해요.

그래서 동물 장례요청이 들어오면 가족끼리 조용히 기도하는 것이 교리에 맞는다고 설득해요.

그러나 일부 목사 사이에는 "반려동물이 아니라 키우던 사람을 위로해 주는 차원에서 예배를 할 수 있다."고 반려동물 문제에 대해 신학적으로 새롭게 해석하는 작업이 필요하다는 의견도 있대요.

벨기에서는 반려견에게 성당 장례미사를 해줄 수 있느냐를 놓고 '종교를 우습게 만드는 행위'라는 의견과 '반려동물도 가족이니 괜찮다'는 의견이 팽팽하게 맞선다고 해요.

불교계에서는 늘어나는 반려동물 장례요청을 수용하고 있다고 해요. 세상 모든 만물에게도 불성이 깃들어 있다고 하신 부처님의 가르침. 하찮은 생명도 귀한 생명이라고 벌레가 다칠까 봐 하수구에 뜨거운 물을 붓지 않았대요.

합동 천도재가 있을 때 신자들이 반려견의 이름을 올려 제사를 지낸다고 해요.

'반려동물을 위한 49재'도 해준대요.

교회나 성당을 대신해 '종교 맞춤형 빈소'도 마련했답니다.

반려견 영정사진 옆에 십자가, 성모마리아상을 두는 맞춤형 빈소를 팔고 있는데 이용하는 사람이 한 달에 100명이 넘는다고 해요.

7년 전에 남편과 사별하고 입양한 치와와를 잃은 A여사는 지금도 개의 유골함을 붙들고 운대요. 정신과에서는 A여사의 병명을 PTSD, '외상후 스트레스 장애'라고 진단했어요.

청각장애인 B씨는 10년간 도우미견 한 마리에 의지해 살아왔어요.

얼마 전에 노환으로 반려견이 죽자 B씨는 살아갈 길이 막막해 눈물만 흘리고 있대요.

주인을 대신하여 초인종, 물주전자 끓는 소리, 화재 경보를 듣고 바짓단을 잡아끌던 똑똑한 개였다고 해요.

B씨는 '앞으로 어떻게 살까' 걱정보다는 '그동안 너무 고마웠다'는 생각이 앞서 떠나간 반려견이 격식 있는 죽음을 맞이할 수 있게 장례를 치러주고 싶대요.

이렇게 사람이 키우던 개가 좋은 인연으로 살다 가기도 하지만 개가 병들거나 미워지면 버리는 사람도 있답니다. 한 해에 유기되는 동물이 10만 마리가 넘는다고 하는군요.

경기도 광주의 한 반려동물 장례식장은 5층짜리 건물이에요.
문을 열고 들어서면 실내 화장장이 보여요.
스피커에서는 잔잔한 추모음악이 흘러나오고 양옆으로 염습실과 추모실이 있어요.
2층은 사리제조실, 3층부터는 유골함을 보관하는 봉안당이 이어져요.
추모실 제단 위에 눈을 감은 반려견 앞으로 보호자들이 들어서면 정면 모니터로 생전 영상이 재생되고 가족들은 개를 만지고 울면서 이별하지요.
견공의 장례식에 걸리는 시간은 대략 5시간이 걸린답니다.
현행법에 따르면 동물의 사체매장은 불법이래요.
예전에는 동네 앞산에 강아지를 묻었지요.
하긴 요즘은 사람이 돌아가셔도 매장은 불법이지요.
현행 폐기물관리법에 따르면 동물의 사체는 폐기물 봉투에 넣어버리게 돼있다고 해요.
길에서 교통사고 당한 강아지를 보고 구청동물과에 전화했더니

"사체는 쓰레기봉투에 넣어 버리면 된다."는 대답을 듣고 분노했다는 사람도 있어요.

트럭이나 승합차에 버너를 갖추고 간이화장터를 운용하는 이동식 장례차의 경우는 동물보호법에 위반된답니다.

또 여러 마리의 동물을 대량 화장하고 다른 동물의 유골을 보호자에게 인계하는 경우도 있답니다.

단체 화장을 한 C라는 사람은 애견의 유골이 바뀐게 아닌가 의심하고 있어요.

미국은 1896년에 첫 반려동물 묘지가 만들어졌고 현재는 전문 장례시설도 600곳이 넘는대요. 프랑스는 저가의 공공장례시설과 고가의 사설장례시설을 동시에 운영한답니다.

우리나라는 전국에 33곳의 사설장례업체가 있대요.

노견과 호스피스 등 반려동물 죽음에 대한 관심이 높아지면서 우리의 장례문화도 성숙해지겠죠.

잘 키우는 것만큼 잘 떠나보내는 것도 중요한 반려동물과의 이별.

어쩌면 소외된 사람들을 위로하고 봉사하면서 살면 반려동물 없이도 잘 살 수 있지 않을까요?

그래도 동물이나 식물도 다함께 잘 살아야 건강한 지구가 되겠죠.

이젠 헤어지지 말자

훈이는 친구집에 놀러갔다가 작고 하얀 아기강아지들을 보고 한눈에 반해버렸어요.

친구에게 졸라 여러 마리 중에 한 마리를 얻어 집으로 왔어요.

이미 집에 반려견을 키우고 있었기 때문에 한 마리 더 데려와도 문제가 없을 거라고 생각했죠.

그러나 어머니의 반대에 부딪혔어요.

"반려견 두 마리를 키우는 건 힘들어."

"엄마, 이 강아지 너무 예뻐요."

외출에서 돌아온 누나도 훈이를 거들며 졸랐어요.

"그래 순하고 귀엽구나."

엄마의 허락을 받은 하얀이는 훈이집 막내가 되어 사랑을 독차지하며 살았어요.

그런데 엄마의 건강이 갑자기 나빠져서 반려견을 키우기가 힘들게 되었어요.

오래 같이 살던 로빈은 나이가 많아서 다른 곳에 보내는 것이 무리였지만 하얀이는 누나의 친구집에 보냈어요.

하얀이가 떠나고 얼마 안 되어 로빈도 먼 곳으로 떠났어요.

훈이는 마음이 아프고 상실감을 느껴 시름시름 앓기 시작했어요.

가족을 둘이나 잃은 빈자리가 너무나 커서 다시는 반려동물을 못 키우겠다는 생각이 들었어요.

그런데 뜻밖의 일이 생겼어요. 누나의 친구가 개인사정으로 하얀이를 못 키우겠다며 누나에게 양육을 부탁했어요.

마음 한켠에 늘 하얀이를 그리워하던 훈이는 뛸 듯이 기뻤어요.

시들하던 입맛도 다시 돌고 하얀이를 산책 시키는게 운동도 되어 예전의 건강도 돌아왔어요.

"반려동물을 키우기 시작했으면 끝까지 책임져야 해요."

누나는 동아리 모임에 가서 이러함을 늘 주장한다고 해요.

이제 하얀이는 가족들 품에서 사랑을 받으며 행복하게 지내요.

하얀이에게 두 번 다시 이별의 아픔을 주지 않겠다고 훈이가 엄마에게 말했어요.

"그래 하얀이가 돌아오니 네 표정도 밝아지고 건강도 좋아졌구나. 그 대신 하얀이 목욕과 산책은 너가 책임져야 해."

"네, 그럴게요 엄마. 엄마도 건강 잘 챙겨요."

훈이네 가족들은 다시 행복해지고 건강해졌어요.

가습기 살균제가 사람뿐만 아니라 반려동물에게도 치명적이라는 뉴스를 보고 가습기를 치우고 공기청정기를 구입했어요.

엄마도 공기청정기 사용 후 비염과 천식증상이 많이 사라졌어요.

하얀이와 함께하는 시간이 즐거운 훈이는 또래친구들과는 달리 게임방에는 거의 가지 않는답니다.

엄마도 하얀이 때문에 건강해진 훈이를 보고 하얀이가 더욱 사랑스럽게 느껴져서 맛있는 걸 잘 챙겨주지요.

"하얀아, 이젠 헤어지지 말자."

훈이가 하얀이에게 이렇게 말하며 꼭 안아주었어요.

하얀이도 말귀를 알아듣는지 큰 눈을 껌뻑거리며 훈이 품속을 사랑스럽게 파고드네요.

반려견 놀이터

"저렇게 큰 개를 데리고 공원에 오다니. 쯧쯧."

명오가 사랑이를 데리고 공원에 나갔다가 어떤 할머니에게 손가락질을 당했어요.

목줄을 채우고 단단히 잡고 갔는데도 개를 무서워하거나 싫어하는 사람들은 인상을 쓰고 지나가지요.

"누나, 개를 위한 놀이터가 있으면 좋겠어."

"서울 25개 모든 구에 반려견 놀이터가 들어선다더라."

"정말? 그러면 사람들의 눈치를 보지 않고 사랑이와 마음껏 뛰놀 수 있겠네."

"지금도 어린이대공원, 월드컵공원, 보라매공원, 초안산공원 4곳에 개들이 목줄을 풀고 마음껏 뛰놀 수 있는 놀이터가 있다더라."
"누나 우리도 한번 그곳에 가보자."
"그래 이번 주말에 시간을 내어 볼게."

누나는 또 이런 얘기를 해주었어요.
"국내 1956만 가구 중에 563만 가구(29%)가 반려동물을 기르고 있대. 재개발 지역 주민이 이사 갈 때 동물을 버리지 못하도록 감독도 강화하고. 길고양이나 개들이 공사장 포크레인에 다치지 않도록 조치하고 보호한다더라. 반려견 놀이터를 올해 6곳을 만들고 어린이대공원이나 월드컵공원은 올 하반기부터 24시간 체제로 전환된대."

"누나 기르던 반려견을 잃어버리면 어떻게 하지?"
"개의 주민등록증 격인 내장형 마이크로칩을 심으면 잃어버리더라도 그 행적을 추적하여 찾을 수 있다더라."
"우리 사랑이에게도 심어주자."
"현재는 4~8만원이 들지만 곧 시 지원으로 1만원에 해줄 수 있어."
"내 친구네도 가난하지만 개를 여러 마리 키우는데 혜택이 있겠네."

"그럼. 저소득층 반려동물은 지원 대상을 선정하여 지정 동물병원을 이용하게 해주거나 '이동 동물병원'을 운영하여 왕진해 준대.

서울 시민이 동물보호소를 통해 유기견을 입양하면 서울시가 대신해서 보험도 들어주고 이 보험으로 개가 병들거나 다쳤을 때 병원 치료비를 상당 부분 충당할 수 있대. 개가 다른 사람을 물거나 물건을 파손했을 때도 배상비용을 지원받는다는구나.

고양이나 개들을 위한 24시간 응급센터도 서울대 캠퍼스 내 동물병원에 문을 연다더라. '동물권 보장이 곧 인권 보장'이라고 서울시 시민건강국장이 말했다는군. 이러함은 동물을 공존의 대상으로 본다는 점에서 의미가 있지."

"누나 그때 할머니가 인도 가셨을 때도 길거리에 개나 소가 어슬렁거려도 차가 빵빵대지 않고 기다려주었다고 했지?"

"사람이나 동물이나 생명이 있는 존재는 다 존귀하기 때문이지."

우리나라도 동물들의 생명도 사람의 생명이나 다름없이 아끼는 세월이 빨리 왔으면 좋겠어요.

밥 먹는 소리

"우리 건이 밥 먹는 소리 참으로 듣기 좋구나."

"외할머니, 실제로 음식을 맛있게 먹는 모습을 보거나 그 소리를 들으면 기분이 좋아진대요."

"그래서 예전 사람들이 자식 입에 밥 넘어가는 소리를 듣거나 마른 논에 물 들어가는 소리를 들으면 안 먹어도 배부르다고 했지."

"할머니 요즘은 사람들의 먹방 뿐 아니라 반려동물 먹방도 인터넷 상에서 인기를 끌고 있어요."

건이는 외할머니와 펫사랑에 대해 얘기를 나누었어요.

할머니 친구는 잠이 안 올 때 고양이가 낮게 반복적으로 우는 소리나 반려견이 음식 씹는 소리를 듣고 있으면 저절로 잠이 온다고 했어요. 성능 좋은 녹음기로 녹음해두었다가 그렇게 자장가로 듣는대요.

"서양에서도 반려견은 단순히 일상의 힘겨움을 나누는 동반자 그 이상의 존재였단다."
"주인을 향한 깊은 신뢰와 충성심도 사람들의 동물사랑 못지 않았다고 했어요."
"주인이 죽으면 슬픔에 잠겨 식음을 전폐한 개와 고양이들도 많았는데 사람들 보다 더 은혜를 깊이 갚았다고 할까?"
"할머니, 책에서 읽었는데 어떤 개는 눈이 오나 비가 오나 주인의 무덤을 지키다가 죽었고 또 남북 전쟁 때 주인을 따라 전장에 나갔던 애완닭은 매일 주인을 위해 계란 한 개씩 낳았대요."
"도둑맞은 당나귀를 우연히 길에서 만났는데 옛주인을 알아보고 당나귀가 기뻐 날뛴 이야기도 읽었어."
"벼룩서커스를 보러 돋보기를 가지고 무대를 찾은 사람들도 많았는데 벼룩들이 선보이는 공연은 서커스 소유자의 쇼맨십에서 더 흥미를 느꼈을 것 같아요."
"빅토리아시대 언론은 벼룩 선별법이나 조련법에 대해 논쟁이 쟁

쟁했대."

"할머니 그 당시 독신 여성들은 고양이가 죽으면 유별나게 장례식을 치루었대요. 밭을 갈다가 무너진 굴에서 튀어나온 생쥐를 보고 시를 쓴 시인 이야기. 각종 동물들과 주인이 나눈 우정을 모아 쓴 책도 많다니 동서고금을 막론하고 펫사랑 유별나군요."

"앞으로는 더 그렇겠지."

건이는 이번 기회에 외할머니 도움을 받아 엄마에게 반려동물을 키우자고 졸라볼 작정이에요.

반려동물 요양원

"노견홈이라고 들어봤니?" 수야가 뜬금없이 물었어요.

"아니, 그게 뭔데?" 시니는 생전 처음 듣는 말이었어요.

"일본에는 반려동물을 위한 요양원 노견홈이 150곳이나 있대."

"반려동물을 왜 요양원에 보내지?" 시니는 너무 궁금해서 걸음을 멈추고 수야를 바라봤어요.

"반려견도 나이가 많아지면 사람처럼 치매에 걸린다네. 기억력 저하로 가족을 못 알아보고 식욕이 증가해 먹고 또 먹기도 하고, 아무 데서나 대소변을 보고 갑자기 울부짖기도 해서 돌보기가 아주 어렵다더라."

"사람과 비슷하구나."

"개가 사망하는 원인 1위는 암이래."

"개도 암에 걸리는구나."

"사람처럼 유전적인 요인이 있어 동물 가족 중 한 마리가 걸리면 다같이 걸리는 경우가 많다더라. 심장 질환, 고혈압, 당뇨 등은 나이 많은 동물에게 자주 발생하는데 고양이의 사망률 1위 질병은 신부전이래."

"내 친구집에 있는 똘이도 나이가 들어 눈이 나빠졌대. 관절도 안 좋아져서 잘 다니지도 못하고 둥지에서 잠만 자는데 죽으면 어쩌나 걱정이 많다더라."

시니도 친구네 얘기를 하고 나서 수야의 말에 흥미를 가지고 귀를 기울였어요.

과거에는 반려동물이 12세만 살아도 오래 살았다고 했는데 요즘은 20세는 살아야 호상이란다.

사람 나이로 치면 100세쯤 되지.

국내에는 반려동물과 함께 사는 사람이 약 1000만 명이래.

7세 이상을 노령견이라 하고 10세 이상을 고령견, 13세 이상을 초고령견으로 분류한대.

'반려동물 20세 시대'가 가져온 가장 큰 변화는 동물들의 '고령성 질환'이 늘어났다는 점이래. 반려동물이 아프면 함께 사는 가족의 삶도 많이 달라지겠지.

노견이 아프면 가족들이 돌아가면서 간호도 해야 하고 가족여행은 꿈도 못 꿀 거야.

반려동물 고령화로 동물병원들이 점점 커지고 있다더라.

중환자실, 입원실, 수술실을 갖추고 신장병을 치료할 수 있는 혈액투석기, 복강경 수술, CT 등의 장비도 있대.

동물용 혈액투석기가 개발되지 않아 사람용 투석기를 이용하고 있는데 미국에는 반려동물 신장 이식 수술도 한다네.

대한제분 같은 대기업도 2011년 '이리온 동물병원'을 서울 청담동에 개원한 후 현재 수도권 10여 곳으로 지점을 확장했대.

"수야, 너는 동물박사네. 언제 그런 걸 다 배웠니?"

"나는 커서 수의사가 되려고 해. 그래서 아픈 동물들을 잘 보살펴 줄 거야. 지금은 틈틈이 책도 읽고 그러지 뭐. 동물 보험 상품도 많아지고 있어. 삼성화재, 메리츠화재, 롯데하우머치를 비롯해 대부분의 보험사에서 동물 보험 상품을 출시했대."

"반려동물이 아프다가 사망하면 마음이 안 좋겠다."

"'펫로스 증후군'이라고 들어봤니?"

"그게 뭔데?"

"반려동물이 죽었을 때 느끼는 우울증이야. 최근에 이 증상으로 정신과 치료를 받는 사람도 많아졌대. 투병 중인 반려동물의 증상이 악화돼 더 이상 치료가 무의미하고 진통제에도 반응하지 않을 경우 보호자 동의 아래 수의사가 안락사를 진행하는 경우도 있대. 사람과 달리 동물 안락사는 현행법상 합법이야."

"나이 든 보호자가 나이 많은 반려동물을 키우는 건 힘들겠구나."

"그래서 일본에서는 대신 돌봐주는 간병시장이 빠르게 성장하고 있대. 집으로 와서 간병해주는 반려동물 재택 간병서비스가 우리나라는 아직이고 일본에서 100여 점포를 운영 중이래."

"수야처럼 동물을 사랑하고 관심이 많은 사람이 수의사가 되면 좋겠구나."

"고마워."

시니와 수야는 동물에 관해 궁금한 것을 찾아보려고 도서관으로 갔어요.

제2부
궁금해요

아라비아 숫자의 비밀

"할아버지, 미국돈 달러에도 10달러라고 써있군요."
"그럼 아라비아 숫자는 세계 어느 나라에서나 사용한단다."
준이가 미국에 있는 이모 집에 놀러간다고 하자 할아버지께서 10달러짜리 20장을 용돈으로 주셨어요.
"준아 아라비아 숫자를 언제 어느 나라에서 창안했는지 아니?"
"아뇨, 얘기 해 주세요."
할아버지께서 준이가 알아듣기 쉽게 설명해 주셨어요.

3천 년 전에 인도인들이 우리가 사용하고 있는 아라비아 숫자를 창안했단다.

곡선은 사랑을 나타내고 교차점은 시련을 나타내며 가로줄은 속박을 나타낸대.

숫자 1은 광물이란다.

세로줄 하나로 되어 있어 속박도 사랑도 시련도 없어. 광물에는 의식이 없기 때문이지.

광물은 물질의 첫 단계로 그저 존재할 뿐이란다.

숫자 2는 식물이란다.

위는 곡선으로 되어 있고 밑바닥에는 가로줄이 있지.

식물은 땅에 속박되어 있잖아.

밑바닥의 가로줄은 식물을 움직일 수 없게 하는 뿌리를 상징한단다.

식물은 하늘을 사랑해서 꽃과 잎들은 하늘을 향해 빛을 받아들이지.

숫자 3은 동물이란다.

두 개의 곡선으로 이루어져 있지.

동물은 땅도 사랑하고 하늘도 사랑하지.

하지만 어느 것에도 매여 있지 않아.

두 개의 곡선은 두 개의 입이야.

하나가 물어뜯는 입이라면 다른 하나는 입맞춤하는 입이란다.

숫자 4는 사람이야.

시련과 선택의 갈림길을 뜻하는 교차점이 있지.

인간은 3과 5의 교차로에 있는 존재야. 더 높은 단계로 나아가 현자가 될 수도 있고 동물의 단계로 되돌아 갈 수도 있어.

5는 깨달은 사람을 상징한단다.

이 숫자는 2와 정반대지.

위의 가로줄은 하늘에 매여 있고 아래의 곡선은 땅에 대한 사랑을 나타낸단다.

이 단계에 도달한 존재는 현자이지.

그는 보통 인간이 지닌 동물성에서 벗어나 있어.

그는 세상사에 대해서 거리를 두며 본능이나 감정에 휩쓸려 행동하지 않는단다.

그는 두려움과 욕망을 이겨낸 존재지.

그는 다른 사람들과 거리를 두면서도 인간과 지구를 사랑한단다.

6은 천사란다.

천사는 사람들을 돕기 위해 땅으로 내려간 다음 더 높은 차원에 도달하기 위해 다시 하늘로 올라가지.

착한 일을 많이 한 사람은 육신을 가진 존재로 다시 태어날 의무에서 해방된단다.

환생의 순환에서 벗어나 순수한 정신이 되지.

이 단계에 오르면 더 이상 고통을 겪지 않으며 기본적인 욕구도 느끼지 않는단다.

6은 사랑의 곡선이며 존재의 중심에서 나오는 순수한 나선이지.

7은 신의 후보생이란다.

5와 마찬가지로 이 숫자는 하늘에 매여 있음을 나타내는 가로줄이 있지.

아래쪽에는 곡선 대신 세로줄이 있어. 아래쪽 세상에 영향력을 행사한다는 뜻이란다.

프랑스 사람들은 이 숫자를 쓸 때 세로줄 한복판에 작은 가로획을 그어 쓴단다. 그러면 4처럼 교차점이 생기지.

7은 선택의 갈림길에서 시련을 겪어야하는 단계란다.

부처님께서나 예수님께서도 시련이 많았지.

"할아버지, 부처님께서 태어나 늙고 병들어 죽는 생로병사의 고통에서 벗어나는 해탈의 경지를 깨달으시고 사람들에게 가르쳐 주시는 설법을 40년 동안 하셨다죠?"

"그럼, 예수님께서도 가시면류관을 쓰고 십자가에 못 박혀 돌아가시면서 '주여 저를 버리시나이까' 이렇게 고통스러워 하셨지."

"오늘 아라비아 숫자에 대한 이야기 재미있게 들었어요."

"나도 우리 손자에게 이야기 해 줄 수 있어 좋구나."

할아버지께서 빙그레 웃으시더니 피자 한판을 시켜주셨어요.

새똥 때문에

새똥 때문에 남미 최고의 부자나라였다가 새똥 때문에 망한 나라는 어디일까요?

페루에 친자군도라는 섬이 있대요.

그 섬은 자연환경이 좋아서 새들의 먹이가 풍부하답니다.

새들이 사는데 천국 같은 곳이죠.

비도 잘 오지 않는 곳이라서 새똥은 오랜 세월 동안 쌓여 마치 작은 산 같았어요.

페루의 프라도 대통령은 영국에 이 새똥을 팔아서 부자나라가 되었답니다.

휴! 냄새나는 새똥을 왜 돈 주고 사느냐구요?

농사를 짓는데 이 새똥, 구아노처럼 더 좋은 비료는 없대요.

인구가 많아지자 양식이 더 필요했던 영국은 구아노를 수입할 수밖에 없었어요.

그런데 욕심이 난 페루 대통령은 구아노를 담보로 외채를 빌려 사탕수수농장에 투자했대요.

사탕수수밭은 날씨가 안 좋고 수확물도 형편없어 그만 망해버렸지 뭐에요.

다시 나라가 위급한 상황이 되자 대통령은 볼리비아와 칠레의 전쟁에서 볼리비아 편을 들고 볼리비아 아타카마사막에 있는 구아노를 달라고 했어요.

친자군도의 구아노는 벌써 바닥이 나버렸기 때문이죠.

금방 끝날 것 같은 전쟁은 장기전이 되었어요.

알고 보니 영국군이 칠레를 도와주었기 때문이었죠.

영국군은 페루가 구아노를 독점할까봐 걱정이 되어 칠레를 도와주었대요.

결국 페루는 완전 빈털터리 나라가 되어 근대화 기회를 잃게 되었어요.

대통령은 외국으로 도피하여 죽을 때까지 돌아오지 못했다고 해요.

새똥 때문에 새똥전쟁이 났다니 우습기도 하지요?
나라나 개인이나 욕심 때문에 흥하기도 하고 망하기도 하는군요.
그런데 1570년에서 1971년까지 401년 동안 비가 내리지 않던 아카타마사막에 있던 새똥, 구아노는 누가 가져갔을까요?

아쿠아맨

국이는 겨울방학이 되어 엄마와 함께 영화를 보러갔어요.
영화감상문을 써보려고 처음부터 끝까지 집중하여 보았지요.
엄마는 중간에 꾸벅 졸기도 하네요.
아쿠아맨 숙적인 블랙만타는 최첨단 수트를 입고 주인공을 괴롭히고 이복동생 옴은 아쿠아맨을 혼혈 자식이라며 몹시 경멸하고 미워하군요.

사람들이 거의 찾아오지 않는 작은 섬에서 망막한 바다를 지키는 등대지기가 외롭게 살고 있었어요.

어느 날 바람이 세차게 불고 성난 파도가 등대를 집어삼킬 듯이 쳐들어 왔어요.

그때 등대지기 아저씨는 '우후룩 우후룩'하는 이상한 소리를 듣고 밖으로 나왔어요.

갑자기 등대지기 아저씨 눈이 왕방울만큼 커졌어요.

세상에나! 등대 아래에 눈부시게 아름다운 인어가 있었어요.

인어는 가슴 아래 부분을 움켜쥐고 몹시 고통스러워 했어요.

아저씨는 인어를 데리고 등대 안으로 들어가 상처에 약을 발라주고 붕대로 감아주었어요.

인어는 고맙다는 듯이 고개를 끄덕이고는 잠 속으로 빠졌어요.

아저씨는 잠자는 인어공주를 넋 놓고 바라보다가 정신을 차리고는 밖으로 나가서 파도가 휩쓸고 간 등대 주변을 청소하기 시작했어요.

인어공주는 잠에서 깨어나 몹시 배가 고팠어요.

TV에서 상어가 어슬렁거리며 다가오자 삼지창으로 TV화면을 향해 던졌어요. TV는 곧 박살나고 말았어요.

거실 중앙 어항 속에는 빨간 금붕어가 살랑살랑 헤엄치고 있었어요.

인어공주는 산채로 호로록 금붕어를 삼켰어요.

밖에서 들어와 그 광경을 본 등대지기 아저씨는 몹시 놀라 '개는 먹지 않겠지' 하며 개를 등 뒤로 숨겼어요.

아저씨는 차와 빵을 건네며 먹으라고 권했어요.

서로 다른 세계에서 살아온 사람들이라 말은 안통해도 뜻은 통했는지 인어공주는 음식을 먹기 시작했어요.

날이 갈수록 두 사람은 서로의 말도 알아듣고 사랑하는 사이가 되었어요.

어느새 인어공주의 배 속에는 새 생명이 자라고 있었어요.

얼마 후 건강한 사내아이가 태어났어요.

두 사람은 바다와 육지를 넘나들 수 있는 아이에게 미래를 꿈꾸었지요.

그런데 얼마 안되어 정략결혼을 피해 도망친 공주를 찾으러 아틀라나 용사들이 들이닥쳤어요.

공주는 등대지기 남편과 아들을 보호하려고 그들을 따라갔어요.

등대지기에게 아들이 엄마를 잊지 않도록 부탁한다는 말을 남긴 채 힘없이 멀어져 갔어요.

인어공주는 아틀라나로 돌아가서 정략결혼을 하고 아틀라나 여왕이 되었어요.

그리고는 아쿠아맨 최강의 적 옴을 낳았지요.

옴은 아쿠아맨을 형이라고 대접하지 않고 혼혈자식이라며 미워했어요.

옴은 힘을 갖게 되자 아틀란티스 7개의 왕국을 지배하고 지상세계를 저주받은 땅이라며 인간들과의 전쟁을 선포하였어요.

아쿠아맨은 인간세상과 아틀란티스 두 세상을 구하기 위해 전설의 무기 삼지창을 찾으러 떠났어요.

옴의 약혼녀 메라도 아쿠아맨을 도와주었어요.

아쿠아맨은 어느새 총알도 막아내는 갑옷 같은 피부가 돋아났어요.

레이저를 맞아도 재빨리 회복되는 놀라운 능력도 생겼지요.

그리고는 수중의 모든 생명체와 소통이 되는 능력도 생겨났어요.

서로 아끼고 사랑하게 되면 그러한 능력이 생겨나나 봐요.

전설의 삼지창을 찾은 아쿠아맨은 땅과 바다를 평화롭게 통일했어요.

빨간 머리 메라도 아쿠아맨의 멋진 활약에 반해 어느새 그를 사랑하게 되었지요.

영화가 끝나고 빵집에서 빵을 먹으며 국이가 말했어요.

"엄마 우리가 비행기를 타고 먼 나라에 여행을 가듯이 바닷속 여행도 그렇게 할 수 있으면 좋겠어요."

"바다를 탐사하는 잠수함이 있긴 하지만 여행용 잠수함이 있다는 소리는 못 들어봤네."

"아쿠아맨 영화를 보고나니 바닷속이 궁금해졌어요."

"산소통을 매고 들어가 바다를 구경하는 스킨스쿠버가 있지."

"나도 얼른 어른이 되어 스킨스쿠버도 하고 파도를 가르는 수상스키도 배우고 싶어요."

"오늘 아쿠아맨 영화 잘 봤네. 나도 예전에는 바다 여행을 하고 싶었단다."

국이는 엄마와 마트에 가서 생선을 구경하고 고등어 몇 마리 사왔어요.

오늘 저녁은 바다향이 그윽하겠어요.

미세 플라스틱이 나쁘대요

"엄마, 합성섬유 옷을 세탁하면 엄청난 미세 섬유가 배출된대요."

"정말? 몸에도 안 좋고 또 하수 처리 시설에도 걸리지 않은 채 바다로 흘러가겠구나."

"엄마가 탱탱한 피부를 위해 사용하는 스크럽 화장품도 그렇다고 해요."

"정말이니? 넌 어떻게 알았니?"

엄마는 지니가 이야기 하는 걸 듣고 놀라워했어요.

지니와 엄마는 인터넷으로 플라스틱의 유해한 점을 검색해 봤어요.

미세 플라스틱이란 크기 5mm이하의 작은 플라스틱 조각이에요.

크게 두 가지로 나뉘는데 하나는 화장품이나 치약에 쓰이는 미세한 알갱이인 '마이크로비드'이고 다른 하나는 플라스틱이 자연적으로 풍화된 작게 부서진 조각이래요.

세계에서 영국 머지강이 플라스틱 농도가 제일 높았고 우리나라 인천이나 경기 해안이 둘째, 셋째도 한국의 낙동강 하구이군요.

사람의 체내에 침투하면 뇌조직이 손상되는데 플라스틱에 노출된 치어들도 냄새를 감지하는 뇌가 손상되면 일반 치어들 보다 포식자에게 3배나 더 많이 잡아먹힌다고 해요.

"정말 플라스틱이 무섭구나. 플라스틱 안 쓰기 운동이라도 해야겠다."

"편리하다고 사용한 플라스틱이 이렇게까지 무서운 줄 몰랐어요."

"천연 플라스틱이나 자연 섬유를 사용해야겠네."

"양식업에서 쓰이는 부표조각이 떨어져 나가면 부서져서 미세 플라스틱이 된대요."

"바다 한가운데 물고기를 가둬 기르는 양식장은 그물을 띄우기 위해 몇 백 개의 부표를 쓰고 있는데 걱정이구나."

"우리가 사용한 플라스틱이 독성 물질이 되어 우리에게 되돌아오고 있대요."

"인체 소화관의 미세한 구멍을 통과해 혈액으로 이동할 수도 있다는 구나. 네가 좋아하는 새우나 굴을 먹으면 미세 플라스틱이 혈액으로 들어가 온 몸에 퍼질 수 있다는 거지."

"끔찍하네요. 납량특집보다 더 살벌한 얘기군요."

"체내로 이동한 미세 플라스틱은 우리 몸에서 내분비계 교란 물질, 즉 환경호르몬을 내보낸단다. 환경호르몬이란 우리 몸에서 정상적으로 만들어지는 물질이 아니라 산업활동으로 만들어져 분비되는 화학물질이지."

"이제는 합성 플라스틱이 아니라 천연 플라스틱의 개발이 필요할 때군요."

"이제 우리 옷은 되도록 천연섬유로 된 것을 사 입자."

"그래요. 엄마 오늘 저녁은 감자나 고구마 삶아 먹어요."

"그래. 그러자구나."

그날 저녁 감자를 먹으면서 지니는 새우나 생선을 좀 적게 먹어야겠다는 생각을 했어요.

멕시코 제삿날

"멕시코에서는 1년에 한 번 나라에서 통합 제사를 지내더라."
"어떻게? 모두 같은 날에 돌아가셨나?"
"아니, 명절날이 모두 같은 날이듯이 제삿날도 그렇게 정했대. 우리나라는 집안마다, 조상마다 제삿날이 다른데 멕시코에서는 11월 1일~2일 행사에 어른과 아이들은 물론이거니와 심지어 집에서 키우는 개까지 해골 분장을 하고 축제를 즐기더라."

멕시코에 다녀온 진아가 수니에게 또 이렇게 말했어요.

거리에는 수많은 해골이 술을 마시고 노래를 부르며 춤을 추더라.

제삿날에는 망자의 죽음을 슬퍼하든지 그리워해야 될 텐데 이상한 풍경이지?

아빠가 멕시코 친구에게 의아해서 물어보니

"보고 싶었던 이들이 이승으로 내려온 날인데 당연히 반갑고 기쁘지. 왜 슬퍼?" 이렇게 말했대.

우리나라는 제삿상 차리는데도 어동육서니 제사순서니 상차림에 대해 의견이 엇갈려 언성을 높이기도 하지.

어떤 사람은 이러한 것을 생략하고 돌아가신 분이 생전에 좋아했던 음식을 올리기도 한다더라.

제사상을 정성껏 차리고 후손들이 조상님을 추모하며 정답게 지내는 것이 모두를 위한 것일 테지.

"그런데 해골분장한 사람들이 이상하지 않았니?"

"물론 처음엔 이상하더라. 근데 어린아이들도 해골분장을 했는데 귀엽게 느껴졌어."

"애들도 해골분장을 했다구? 애들이 무서워하지 않든?"

"그 나라 애들은 태어나서부터 계속 본 덕분인지 해골을 장난감처럼 여기더라."

"나는 뱀을 싫어해서 뱀 장난감도 징그럽던데 해골도 그럴 것 같애."

"나도 처음 볼 때는 그렇더라. 다음에 너도 경험해 보겠지만 그 나라 사람들이 웃고 즐기니까 나도 자연스럽게 따라 가더라."

"나도 멕시코 제삿날에 한번 가보고 싶네."

진아의 이야기에 흥미를 느낀 수니도 훗날 멕시코 제삿날에 꼭 가보고 싶어졌어요.

제3부
즐거운 역사탐방

나한님이 된 일곱 도둑

안성 칠장사 왼쪽 계곡에는 맑은 물이 퐁퐁 솟아나오는 석간수가 있어요.

그 물을 마시면 가슴까지 다 시원해지지요.

절 아랫마을에 사는 한 도둑이 지나가다가 목이 말라 이 물을 마셨어요.

"아, 물 맛 참 좋구나. 그런데 이 바가지는?"

자세히 보니 금바가지였어요. 그는 금바가지를 슬쩍 옷섶으로 가렸어요. 그리고는 누가 볼세라 살금살금 집으로 돌아갔어요.

"이런 횡재가 있나. 도랑 치고 가재 잡고, 누이 좋고 매부 좋고, 물

마시고 금바가지 얻고."

　도둑은 기분이 좋아 밤새도록 덩더쿵 춤을 추었어요.

　그 마을에는 평소에 훔치기를 좋아하는 일곱 도둑들이 밤마다 모여서 뭘 훔치나 작당을 하였는데, 금바가지를 훔친 도둑은 보물을 지키느라 꿈쩍도 안 했어요.

　그와 절친인 한 도둑이 너무 궁금해서 그를 찾아갔어요.

　"글쎄, 자네만 알고 있게나. 칠장사 우물에서 이 금바가지를 얻었지 뭐야. 이젠 세상을 다 가진 것처럼 든든해. 남의 것은 아무것도 안 부러워. 그래서 도둑질은 그만할래. 영원히 안녕이야."

　절친인 그 도둑도 캄캄한 밤에 우물을 찾아갔어요.

　그런데 어둠속에서 진짜로 반짝반짝 빛나는 금바가지가 있지 뭐여요.

　그리하여 일곱 도둑 모두 금바가지를 훔쳤어요.

　매일같이 모여서 도둑질 하다가 집안에서만 지내니 심심함이 지나쳐 몸살이 날 지경이 된 일곱 사람.

　"우리가 금바가지 훔쳐가도 눈 하나 깜짝 안 하는 해소국사가 어떤 중인지 절에 한 번 가 보자."

　"그래, 요즘 손도 근질근질하고 죽을 지경인데 그러자구나."

도둑들은 단풍이 물드는 가을철에 철이 조금 들어 해소국사를 찾아갔어요.

절 마당에 금잔화도 피어있고 파아란 하늘에 흰구름이 동동 떠가고 있네요.

낮에는 자고 밤에는 부엉이처럼 눈을 부릅뜨고 사느라 이 아름다운 경치를 처음 보니 절로 환희심이 일어났어요.

"어서 오시게나. 자네들을 기다리고 있었네."

절 마당에서 해소국사께서 친히 도둑들을 맞이했어요.

금바가지를 훔쳐가서 야단을 맞을까 봐 두려워하던 도둑들은 어안이 벙벙해졌어요.

그리하여 말 잘 듣는 아이처럼 법당으로 따라 들어가 부처님께 절 삼배하고 법문을 들었답니다.

"색즉시공 공즉시색, 눈에 보이는 것이 다가 아니니라. 집에 가서 금바가지를 자세히 보아라. 마음으로 보아라."

도둑들은 무슨 영문인지 모르고 엎어질 듯 집으로 달려갔어요.

누가 훔쳐 갈까 봐 깊숙이 숨겨놓은 금바가지를 꺼내 보았어요.

그런데 금바가지가 보통 표주박으로 변했지 뭐여요. 깜짝 놀란 도둑들은 한참동안 바가지를 이리저리 살펴보았어요.

도둑들은 변해버린 바가지를 들고 또 해소국사를 찾아갔어요.

그리하여 신통력이 뛰어나신 해소국사의 제자가 되었지요.

스님의 법문을 듣고 지난 죄를 뉘우치는 참회를 반복한 결과 지혜로운 선인으로 거듭나게 되었답니다.

그들이 입적하고 난 후에는 칠장사의 나한전에 모셔졌어요.

"문수야, 과거시험 보러가기 전에 꼭 칠장사 나한전에 들려 기도하고 가려무나. 자식들도 커가는데 두 번이나 낙방하니 집안 꼴이 말이 아니구나."

"네 어머님, 어머님 말씀 꼭 실행하겠습니다."

효자인 문수는 어머님 명을 거역하지 않고 나한전에 들렸어요.

"쳇, 도둑 출신인 주제에 양반의 절을 공짜로 받겠다는 심보는 아닐테지."

박문수가 째려보며 절을 하자 나한님들도 마음이 편치 못하였어요.

평소에는 마음 착한 보살들이 공손하게 절을 하며 기도를 드리니까 편하게 지냈지요.

또 보살들 스스로 마음을 닦으니 가만히 있기만 해도 기도 소원이 이루어져서 거의 공짜로 절 받고 대접을 받았답니다.

"부처님, 이번에도 문수 저 양반이 과거에 떨어지면 우리를 가만히 안 둘 겁니다. 효자라서 어머님 말씀을 거역 못하고 억지로 우리들에게 절을 하지만 불평불만이 보통 아닌데 어찌 하오리까?"

"걱정하지 말아라 내가 선몽을 해 줄테니."

부처님의 인자하신 말씀을 듣고 나한님들도 선정에 들었어요.

박문수는 기도를 드리다가 단꿈을 꾸었어요.

꿈에서 과거에 나옴직한 시제를 보았어요.

그런데 칠 수는 선명하게 보았는데 한 수는 희미한 것이 도통 기억나지 않았어요.

그는 깨어나자마자 나한님들에게 투덜거렸어요.

"다 보여주지 않고 한 수는 왜 안 가르쳐주는 거야."

"예끼 이 사람아. 어찌 그리 양반이 도둑 심보야. 우리도 도둑 심보다 버리고 여기에 앉았는데."

"그래, 한 수는 자네 실력으로 해야지."

박문수는 한양 가서 과거시험장에서 시제를 받고 깜짝 놀랐어요.

꿈에서 본 그 시제가 나왔지 뭐예요.

박문수는 과거에 두 번 낙방을 하였지만 삼수 끝에 '몽중등과시' 덕분에 진사과에 장원급제 하였어요. 훗날 그 유명한 암행어사 박문수가 되었지요.

   신라 선덕여왕 때 자장율사가 창건하고 고려 현종 때 해소국사가 왕명으로 중창했다고 전하는 칠장사.
   오늘날까지 고시나 대학입시 합격을 비는 사람들의 발길이 끊어지지 않는 명소 나한전.
   그 앞에는 '어사 박문수 합격다리'도 있답니다.
   소원을 비는 여러 색들의 천들이 주렁주렁 달려있어요.
   사람들은 그 다리를 건너보고 소원을 적은 천을 매달지요.
   칠장사 나한님들도 처음에는 별 인기가 없었지만 박문수가 급제하고 난 후에 명성이 널리 알려졌답니다.
   좋은 인연이란 이런 경우를 두고 한 말인 것 같아요.

회암사지 보물을 찾아서

회암사지박물관에 갔어요.

선생님께서 박물관을 둘러보고 자기만의 보물 세 가지를 찾아 그 특징을 적어보라고 하셨어요.

회암사는 왕실의 후원을 받은 조선 최대의 사찰이래요.

1997년부터 발굴조사를 통해 그 규모와 실체가 드러났어요.

2012년 회암사지박물관이 개관되어 유물에 대한 연구와 보존, 전시와 교육을 한다는군요.

영상실에 들어가서 가상으로 지은 회암사를 보았어요.

10만평이 넘는 절 규모에 모두 탄성을 질렀어요.

보통 스님이 계실 때만 1000명분의 밥을 짓는데 왕의 행차가 있을 때는 2000명분의 밥을 지었다는군요.

묵이는 박물관 1층에 계시는 늠름한 장군의 모습을 한 잡상을 보물 제1호라고 적었어요.

2층으로 올라가니 용무늬가 있는 반달모양의 기와가 눈에 띄는군요.

섬세하게 조각된 무늬가 인상적이네요.

봉황이 있는 원형기와도 아름다워서 한참동안 구경했어요.

왕의 상징은 용이고 왕비의 상징은 봉황이라고 하는데 수막새에 새겨진 용은 늠름해 보였고 암막새의 봉황은 아름다웠어요.

봉황무늬의 기와와 용무늬의 기와를 보물 제2호라고 기록했어요.

그 다음에는 박물관 2층에 있는 연꽃무늬의 기와를 보물 제3호라고 적었지요.

친구들은 무엇을 자기만의 보물로 지정했는지 궁금하네요.

선생님께서 태조 이성계가 회암사에 행차하는 광경을 이야기 해 주셨어요.

"하늘 높이 왕을 상징하는 깃발이 펄럭이고 있어요. 뽈피리 소리가 뿌우뿌우 왕의 행차를 알리고 있네요. 멋진 칼을 찬 무사들이 왕을 호위하고 있는데 움직일 때마다 칼이 번쩍번쩍 빛나는군요. 백성들은 새벽부터 어가행렬을 구경하려고 나와 있어요. 주먹밥과 인절미를 파는 사람, 엿장수들은 이리 뛰고 저리 뛰고 바쁘군요. 그러나 구경꾼들은 자기 자리를 빼앗길까 봐 볼일 보러 갈 때는 서로 자리를 지켜주네요. 사람들은 뿔피리 소리와 북소리가 들릴 때마다 어깨를 들썩거리며 흥겨워하는군요."

여기까지 얘기하고 선생님께서 회암사지와 지공대사, 나옹선사, 무학대사 부도탑에 간다고 했어요. 모두들 꿈꾸는 듯 어가행렬 이야기에 빠져 있다가 회암사지로 갔어요.

"우와! 정말 넓다."
"이곳이 땅에 묻혀 있다가 발굴된 건가?"
"여기에 농사를 지었을까? 땅을 놀리지는 않았을 텐데."
친구들의 얘기를 듣고 있다가 선생님께서 이렇게 말씀하셨어요.
"조선은 유교를 숭상하고 불교를 배척했어요. 그래서 임진왜란, 병자호란 때 많은 절들이 불타고 또 6.25사변 때도 이름 난 사찰은 거의 불에 타 없어졌어요."
"참으로 안타까워요. 역사는 흘러가는데 정치적 이념에 따라 아까운 문화재가 사라지는 것이."

묵이가 어른스런 말투로 말했어요.

회암사지 북쪽 위쪽에 부도탑이 있었어요.

받침석 각 면에 새겨진 정교한 넝쿨무늬가 특이하군요.

상륜부에는 아래로 향한 연꽃무늬 위로 향하는 연꽃무늬가 있었어요. 어떤 승려의 부도탑인지 혹은 불탑인지 확인되지 않고 있다네요.

친구들과 탑 주위를 빙 둘러앉아 사진을 찍었어요. 안개 속으로 보이는 단풍이 예쁘군요. 떨어진 낙엽도 예뻐서 하나 주웠어요.

최근에 생긴 회암사를 둘러보고 무학대사 부도탑으로 갔어요. 무학대사탑 앞에 쌍사자석등이 있군요.

두 마리의 사자가 석등을 받치고 있는 모습이 특이하게 보였어요.

조선전기 석조 미술품을 대표하는 부도탑은 표면에 새겨진 수법도 매우 아름답군요.

지공선사와 나옹선사의 부도탑까지 구경하고 세 분의 관계에 대해 선생님 설명을 들었어요.

"지공선사는 인도에서 오신 스님이에요. 원나라에 계실 때 나옹선사의 스승님이셨죠. 나옹선사는 그때 중국으로 유학을 갔어요. 그 후로 지공선사께서는 나옹선사의 초청으로 우리나라에 와서 머물렀지요. 무학대사는 나옹선사의 제자구요."

"그런데 왜 나옹선사의 부도탑이 지공대사보다 더 위에 있어요?"

"아마 나옹선사께서 먼저 돌아가셨을 것 같아요. 선생님도 확실한 것은 모르겠군요. 여러분들이 한 번 알아보세요."

자기의 보물을 발표하는 시간이 되었어요. 모두가 다른 보물을 찾았군요.

철이는 청동금탁을 보물 제1호라고 하였고 금이는 그야말로 금괴, 은괴를 지정하였군요. 혜원은 진주와 자수정을 제1호로 하였고 수니는 토수와 옥을 지정했네요.

똑같이 둘러봐도 자기의 개성만큼 다른 눈을 가졌군요.

선생님께서 신라 경주의 황룡사지와 백제의 미륵사지 그리고 회암사지가 우리나라 최고의 3대 사지라고 말씀하셨어요.

묵이는 이번 역사탐방이 정말 보람된 여행이었다고 생각하며 집으로 돌아왔어요.

세계유산 조선왕릉
- 광릉에 가다

"조선 왕족의 무덤은 모두 120기가 있어요. 능이 42기고, 원이 14기며, 묘가 64기가 있어요."

"선생님 능과 원과 묘의 차이점이 뭔가요?"

"능은 왕과 왕비의 무덤이고 원은 왕세자와 왕세자빈 또는 왕의 사친의 무덤을 말하지요."

"그럼 나머지 왕족의 무덤은 묘라고 하겠네요. 우리 할아버지 무덤도 묘라고 하는데."

"그렇지요. 42기의 능 가운데 북한에 2기가 있고 남한에 능 40기가 있어요."

"북한 개성에 태조 첫 번째 왕비 신의고왕후의 능 제릉이 있고 정종과 정안왕후의 능 후릉이 있다고 들었어요."

"묵이는 역사에 대해 꽤나 조예가 있네."

선생님께서 조그만 비 앞에 가더니 묵이 친구들을 불렀어요.

"선생님 하마비군요."

진이가 쪼르르 달려와서 아는 체를 했어요.

"조선왕릉에서 유일하게 남은 하마비에요."

"제향을 지내러 온 사람들이 말이나 가마에서 내려 걸어가야 했지요?"

"그럼요. 왕조차도 그러했지요."

진이의 물음에 선생님께서 고개를 끄덕였어요.

낙엽 깔린 전나무숲을 한참 걸어갔어요.

홍살문을 지나가니 왼쪽에는 수라간이 있고 오른쪽에는 수복방과 비각이 있었어요. 중간에 정자각이 있네요.

고개를 들어 산 위를 보니 왼쪽에 세조릉이 있고 오른쪽에 정희왕후릉이 있군요.

예종이 즉위한 1468년에 세조의 광릉을 조성하였고 정희왕후 능은 1483년 성종14년에 조성하였다는군요.

정희왕후는 윤번의 딸로 1428년 수양대군의 부인이 되었으며, 세조가 왕위에 오르자 왕비가 되었어요.

예종이 왕위에 오르자 내지를 내려 간접적으로 정치에 참여하고, 성종이 왕이 되자 조선 최초로 수렴청정을 7년간 하였대요.

"선생님 수양대군 세조는 단종의 왕위를 빼앗고 나중에 죽게 한 나쁜 사람 아닌가요?"

"그런 면도 있지만 왕권 강화를 위해 왕과 육조(이. 호. 예. 병. 형. 공조)를 직접 연결하는 육조직계제를 시행하였고 조선의 기본 법전인『경국대전』을 편찬하였어요."

"진관체제를 실시해 전국 방위제도를 수립하고 중앙군을 5위로 개편하였으며 북방의 여진족을 물리치는 등 국방을 튼튼히 하셨지요?"

묵이의 해박한 역사실력은 선생님과 막상막하군요.

"세조는 왕위찬탈에 대한 뉘우침으로 재위 후반에는 불교에 귀의하여 마음수양을 했어요."

"세조는 술자리뿐만 아니라 국가와 왕실의 크고 작은 행사에 정희왕후를 동반했던 가정적인 군주였다고 하더군요."

묵이가 선생님과 얘기를 주고 받았어요.

"말년의 세조는 궁을 나서서 왕위에 오르기 전에 살았던 옛집을 찾앉어요. 그곳에서 생사를 같이 했던 조강지처 정희왕후와 함께 술자리를 했지요. 그 술자리는 정치적 동지이자 반려자였던 정희왕후를 위해 세조가 마련한 최고의 이벤트였을 거예요."

선생님 말씀이 끝나기도 전에

"와! 진짜 멋진 남편이다. 나도 그런 남편 만나고 싶다."

눈이 큰 얌전한 숙이의 뜻밖의 말에 모두 놀라서 숙이를 쳐다보았어요.

숙이는 뭐가 부끄러운지 얼굴이 빨개져서 선아 뒤로 숨었어요.

인류의 문화유산으로 탁월한 가치를 인정받아 2009년 6월에 유네스코 세계유산으로 등재된 조선왕릉.

조성왕릉은 우리의 전통문화를 담은 독특한 건축양식과 아름다운 자연이 어우러진 공간으로 600여 년 전의 제례가 오늘날까지 이어져 내려오고 있는 살아있는 문화유산이래요.

혜원은 친구들과 선생님의 해설을 들으며 광릉을 둘러보고 뿌듯한 자부심을 느꼈어요.

모두 수목원으로 가서 낙엽 위에서 뒹굴며 사진도 찍고 가을 한때를 즐겁게 보냈어요.

보길도 여행

 서낙동강변에 있는 삼광초등학교 5학년 학생들이 수학여행 가는 날이에요.
 써니와 명오는 다른 애들보다 조금 일찍 와서 버스에 나란히 앉았어요.
 "너랑 같이 앉아 가고 싶어 일찍 나왔어."
 명오가 얼굴을 살짝 붉히며 말했어요.
 "나도 어젯밤에 오늘 늦게 올까 봐 몇 번이나 자다 깨다 했어."
 써니와 명오는 눈을 반짝거리며 재잘재잘 이야기꽃을 피웠어요.
 "너희 둘은 또 같이 앉았니?"

명오를 좋아하는 미화가 입을 비쭉거리며 뒷자리에 가서 앉네요. 그러거나 말거나 둘은 깨가 쏟아집니다.

선생님께서 낯선 사람 2명을 소개했어요. 촬영기사가 따라다니며 친구들의 모습을 찍는다는군요. 영원히 추억에 남을 여행이 되겠어요.

보길도 가는 배를 타기 전에 '모란이 피기까지'라는 시로 유명한 김영랑 시인의 생가에 갔어요.

"모란이 아직까지도 피어있네."

명오가 향기를 맡으며 써니에게 말했어요.

"어머, 여기에 있는 모란은 아직도 꽃봉오리야."

"그건 함박꽃이야. 작약이라고도 하지."

"함박꽃? 모란과 비슷한데."

"모란은 나무에서 피니까 목단이라고 하고 작약은 알뿌리를 심어 키우는 약초야."

명오가 상세하게 가르쳐주었어요.

"넌 어떻게 그런 걸 다 아니?"

"어제 아빠가 인터넷 검색해서 가르쳐주셨지."

써니는 이파리도 다른 모양의 모란과 작약을 확실하게 알게 되어 기뻤어요.

돌담에 초록빛 담쟁이가 너울너울 춤추며 하늘을 향해 뻗어가고 있군요.

둘은 스마트폰으로 초록색 배경으로 사진을 찍었는데 그 옆으로 미화가 지나갔어요.

"미화야 이리 와. 같이 사진 찍자."

써니가 미화 손을 잡으며 말했어요.

"고마워, 나도 끼워줘서."

"우리 삼총사하자."

명오가 싱글벙글 웃으며 미화와 써니 사진을 몇 장이나 찍었어요.

"그래 그러자. 앞으로 사이좋게 지내자."

미화의 입가에 미소가 함박꽃처럼 피어났어요.

녹우당에 갔어요.

녹우당은 고산 윤선도 선생님의 본가랍니다.

앞뜰에 있는 은행나무에 바람이 불거나 비가 오면 푸른 잎이 우수수 떨어진다고 해서 사랑채 이름을 푸른 비라는 뜻으로 녹우당이라 지었다는군요.

효종께서 왕자시절 사부이신 고산 선생님께 하사한 녹우당 뒤쪽으로 천연기념물 비자림숲이 있어 조금 거닐었어요.

윤선도유물전시관에서 써니는 윤두서 자화상을, 명오는 유하백마도 판화를 스탬프로 찍었어요.

"집에 가서 이 말 그림을 그릴 거야."

"넌 그림솜씨가 있으니 잘 그릴 거야."

"너도 한 장 그려줄게."

"고마워, 명오야."

선생님께서 보길도 가는 배 타는 시간이 되었다고 해서 전시관을 구경하다가 거의 뛰다시피 해서 배를 탔어요.

보길도 가는 배가 엄청나게 크군요. 1층에는 버스와 자가용 등을 태우고 사람들은 2층이나 3층으로 올라갔어요. 선생님께서 학생들에게 보길도에 대해 설명을 해주셨어요.

"여러분, 고산 윤선도 선생님의 오우가 시를 들어본 적 있나요?"

"아뇨." 모두들 이렇게 대답했는데 명오가 "오우가는 다섯 벗을 말하지요?" 하며 아는 척 했습니다.

"명오는 그 다섯 벗에 대해 알고 있나요?"

"대나무와 소나무 또 뭐였더라."

"명오가 꽤나 알고 있네. 수석과 송죽과 달이지. 즉 물과 돌, 소나무와 대나무와 달이 다섯 벗이라는 거지."

선생님께서 오우가가 적힌 종이를 한 장씩 나누어 주시면서 여행하는 틈틈이 읽어 보고 외워 보라고 하셨어요.

내 벗이 몇인가 하니 水石과 松竹이라
東山에 달 오르니 그 더욱 반갑구나
두어라 이 다섯 밖게 또 더하여 무엇하리

구름 빛이 깨끗다 하나 검기를 자주한다
바람 소리 맑다 하나 그칠 적이 많구나
좋고도 그칠이 없기는 물뿐인가 하노라

꽃은 무슨 일로 피면서 쉬이 지고
풀은 어이하여 푸르는듯 누르나니
아마도 변치 않을손 바위뿐인가 하노라

더우면 꽃 피고 추우면 잎 지거늘
솔아 너는 어찌 눈 서리 모르는가
九泉에 뿌리 곧은 줄 그로 하여 아노라

나무도 아닌 것이 풀도 아닌 것이
곧기는 뉘 시키며 속은 어찌 비었는가
저리 四時에 푸르니 그를 좋아 하노라

작은 것이 높이 떠서 만물을 다 비추니

밤중의 光明이 너만한 이 또 있느냐
보고도 말 아니 하니 내 벗인가 하노라

　고산 선생님은 병자호란(1637년)이 일어나자 해남에서 의병을 모집하여 왕자가 피신해 있는 강화도로 갔대요. 그러나 인조임금이 청나라에 항복을 했다는 소식을 듣고 육지에 살기가 부끄러워 제주도로 가려다가 보길도의 뛰어난 풍경에 반해서 가족과 노복 등 백여 명과 함께 정착했다고 하네요.
　51세 때부터 85세로 돌아가실 때까지 일곱 차례나 보길도를 왕래하며 어부사시사 40수와 32편의 한시를 남겼답니다.
　보길도에 들어가자마자 세연지에 갔어요.
　판석을 따라 자연이 만든 연못 세연지.
　마음 심자 모양으로 연못을 파고 그 한가운데 정자를 지어 자신의 마음을 닮은 고산 윤선도 선생님이 부럽다고 명오가 말했어요.
　"흐르는 계곡 물을 막아 만든 정자 세연정은 조선 문학의 백미인 '어부사시사'의 산실이라고 했어."
　써니가 말하자 미화가 어부사시사에 대해 더 자세하게 설명을 했어요.
　"어부사시사 시는 봄, 여름, 가을, 겨울의 풍경을 각 10수씩 쓴 건데 후렴구 지국총 지국총 어사와가 재미있단다."

"지국총 지국총 어사와."

명오와 써니는 어깨를 들썩거리며 후렴구를 따라했어요.

선생님께서 지국총 지국총 어사와는 배의 노 젓는 소리인데 아마 부산 기장의 유배생활에서 많이 들어서 그때 어부사시사를 구상했을 것 같다고 말씀하셨어요.

곡수당과 낙서재를 구경하러 갔어요.

곡수당은 격자봉에서 흐른 물이 이곳에서 곡수를 이루고 있다하여 붙인 이름인데 윤선도 선생의 아들 학관이 휴식하던 장소였다 하네요.

낙서재는 살림집인데 보길도에 와서 이 섬의 주산인 격자봉의 혈맥을 쫓아 집터를 잡고 3칸의 초가로 된 집을 지어 작품활동을 한 곳인데 지금은 기와를 얹었군요.

내일은 부용동을 한눈에 바라볼 수 있는 부용동 제일의 명승지 동천석실에 간다고 하네요.

그 다음날 5시 반쯤 되니 해돋이 보러가자고 친구들이 방문을 두드렸어요.

선생님을 따라 예송리 갯돌해수욕장에 가니 검은 자갈과 상록수림으로 이루어진 해변이 절로 탄성을 자아내게 하는군요.

조금 있으니 해가 해맑은 모습을 드러내었어요.

써니는 오랜만에 일찍 일어나 해돋이를 하여 기분이 상쾌했어요.

"둥근 해가 떴습니다. 보길도에 와서 해 뜨는 걸 보니 행복합니다." 이렇게 인터뷰했어요.

아침은 전복죽을 먹었어요.

섬에서 구입한 싱싱한 전복이라 그런지 죽이 맛있군요.

동천석실에 올라가는 길은 바위들이 많았어요.

다리가 불편한 명오는 조금 가다가 포기하고 써니와 미화만 반 친구들과 올라갔어요. 힘들게 올라가서 선생님께서 준비해 오신 녹차를 동천석실 안에서 마셨어요.

써니는 마치 고산 선생님인 양 점잖게 앉아서 녹차를 음미했어요. 아랫마을이 다 내려다 보이네요. 고산 선생님은 용두암 바위에 도르레를 달아서 음식이나 필요한 것을 아래에서 배달했다고 해요.

동천석실 아래에도 작은 집이 있는데 고산 선생님이 주무시던 침방이라는군요.

"하늘이 나를 기다린 것이니 이곳에 머무는 것이 족하다."고 하신 윤선도 선생님은 이곳에서 신선처럼 살았을 것 같아요.

석천과 석담 사이에 구멍이 뚫린 바위. 그 돌계단으로 올라가는 통로를 희황교라고 하는데 희황은 중국의 황제 복희씨를 말하는 것으로 동천석실을 천자가 사는 곳으로 비유하였군요.

> 희황교 남북에 작은 난간을 두고
> 가운데 양포단을 깔기에 적당하네
> 청산에 비갠 뒤 턱 받치고 누웠으니
> 물소리 연꽃향에 온갖 흥이 절로 나네

 미화가 낭랑한 목소리로 고산 선생님의 한시를 읽고 써니는 자신이 신선이 된 듯이 오월의 푸르름을 팔을 벌려 안았어요.
 동천석실을 내려와서 공룡알해변으로 갔어요. 갯돌이 꼭 공룡알처럼 생겨서 공룡알해변이라 부른다고 하네요. 주변에 있는 뽀족산은 등산하기에 좋은 곳이라고 하는데 배시간이 급하다고 하여 부랴부랴 차를 타고 배를 타고 육지로 나왔어요.
 돌아오는 차 안에서 친구들 한명씩 노래를 부르고 선생님도 서울찬가를 부산찬가로 바꾸어 노래하셨어요.
 또 3분씩 여행의 소감을 발표하였지요.
 써니는 정말 보람있고 뜻 깊은 수학여행이었다고, 잊지 못할 추억을 담아간다는 얘기를 했어요.

그리고는 명오에게 모란과 함박꽃을 구별할 수 있게 되어 고맙다는 인사를 했답니다.

함안의 아라가야

"함안 성산산성에서 연씨앗이 발견되었다고 하네요. 과학분석결과 700년 전 고려시대의 씨앗임이 밝혀졌대요."

"나도 신문을 통해 알았어요. 연꽃이 피는 여름방학이 되면 묵이를 데리고 가봅시다."

묵이는 엄마와 아빠의 말을 듣고 기분이 뛸 듯이 좋았어요.

얼른 방학이 되었으면 좋겠어요.

드디어 방학이 되어 아라가야인의 타임캡슐 말이산고분군으로 갔어요.

'말이산'은 '머리산'의 소리음을 빌어 한자로 표기한 것으로 '우두머리의 산' 즉 '왕의 무덤이 있는 산'이라는 뜻이래요.

말이산고분군은 단일 고분유적으로서 국내 최대급의 규모로 아라가야의 전성기인 5세기 후반에서 6세기 전반에 집중 조성된 것입니다.

'가야고분군의 유네스코 세계유산 등재를 기원합니다.'라는 플래카드가 보이는군요.

"아빠 유네스코 세계유산은 어떤 것이에요?"

"세계유산이란, 세계의 모든 인류가 주권과 소유권, 세대를 초월하여 함께 보존하고 관리해 나가야할 가치를 지닌 유산이란다."

"그걸 누가 어떻게 정하나요?"

"1972년 유네스코 총회에서 채택된「세계유산협약」에 의거하여 세계유산위원회 승인을 받아 등재된단다. 기념물, 건조물군, 유적지, 문화경관 등의 '문화유산'과 동식물의 서식지와 자연경관 등의 '자연유산' 그리고 이 두가지를 모두 담고 있는 '복합유산'이 있지."

"모두 등재된 세계유산이 얼마나 있나요?"

"현재 세계 163개국 총 1031건인데 문화유산 802건, 자연유산 197건, 복합유산 32건이란다."

"우리 한국은요?"

"한국의 세계유산은 문화유산이 11건이고 자연유산이 1건 있단다."

"해인사 장경판전과 석굴암과 불국사는 알고 있는데 그 외의 것은요?"

"서울의 종묘와 창덕궁 그리고 수원 화성이 있지. 또 고창·화순·강화의 고인돌 유적과 경주역사지구, 제주 화산섬과 용암동굴의 자연유산. 또 서울의 조선왕릉과 안동 하회와 경주 양동의 한국의 역사마을, 광주의 남한산성 그리고 공주·부여·익산의 백제 역사 유적지구 총 12건이네."

"빨리 말이산고분군도 세계유산으로 등재 되었으면 좋겠어요."

"김해 대성동고분군과 고령 지산동고분군도 가야고분이니까 함께 가야겠지."

"김해는 금관가야였고 고령은 대가야였죠?"

"응, 그렇단다. 가야는 고령의 대가야와 고성의 소가야, 가야, 김해의 금관가야 창녕의 비화가야 그리고 여기 함안의 아라가야 6가야가 있었는데 6세기경에 그만 신라에 병합되고 말았단다."

"엄마, 아라홍련은 어떤 꽃이에요?"

"함안 성산에서 발견된 씨앗에서 피어난 붉은 연꽃이란다. 700년

전 고려시대의 씨앗임이 밝혀져서 신비로움을 더하지. 매년 6~8월 무렵 함안박물관 곳곳에 피어 장관을 이룬다니 어서 박물관으로 가보자."

묵이네는 말이산고분군 아래에 있는 박물관으로 내려갔어요.

붉은 홍련이 활짝 피어 묵이네를 반겼어요.

시원한 바람결에 풍겨오는 연꽃향이 땀방울을 거둬가네요.

박물관은 함안의 선사시대부터 근대에 이르기까지 다양한 주제로 전시구성 되어있었어요. 특히 아라가야시대에 대한 상세한 설명과 유물전시를 통해 가야의 역사를 한눈에 살필 수 있었어요.

"아라가야를 상징하는 불꽃무늬토기와 말갑옷이 특색있군요."

묵이가 이렇게 말하자

"고대 국가로서 삼국과 치열한 경쟁 속에서도 독자적인 문화를 꽃피운 위대한 아라가야였는데."

아빠가 아쉬운 듯 이렇게 말씀하셨어요.

묵이는 부모님과 함께 아라가야 협동조합에 들러 복을 전하는 불꽃무늬 모양의 불빵을 사서 맛있게 먹었어요.

제4부
박물관에 놀러가자

박물관에 놀러가자 1

– 국립미륵사지유물전시관

백제 무왕과 왕비께서 사자사에 나라의 안녕을 위하여 기도 드리러 가는 길이었어요.

"어머나, 저 큰 연못에서 삼존불이 나투었어요."

어여쁜 왕비님께서 경이로움을 감추지 못하고 소리쳤어요.

"오! 그렇군요. 부처님의 가피가 우리 백성들에게 골고루 미치려나."

자나 깨나 백성들을 염려하시는 무왕께서도 매우 기뻐하셨어요.

"대왕마마 이곳에 백제에서 제일 큰 절을 지어주시와요."

"저렇게 넓은 연못이 있으니 어디에다 큰 절을 지을까?"

대왕께서 고뇌에 빠져 있을 때 지나가던 스님께서

"걱정 마시옵소서. 소승이 저 연못을 메워드리리라."

지명법사께서 신통력을 발휘하여 용화산을 허물어 하루만에 그 연못을 메꾸었어요.

그리하여 무왕과 백성들의 깊은 신심으로 백제에서 제일 크고 장엄한 미륵사가 창건되었어요.

선화 공주님과 서동 왕자님의 아름다운 사랑이 깃든 미륵사지에는 많은 보물이 숨겨져 있었어요.

1980년부터 1996년까지 진행된 발굴조사에서 미륵사의 규모와 구조가 확인 되었구요. 5100여 점의 백제 유물이 출토 되었어요.

2009년에는 미륵사지 석탑의 보수과정에서 사리봉영기가 발견되어 백제 무왕 때 미륵사를 세웠다는 기록이 사실로 확인되었죠.

미륵사의 대표적인 유물로는 금동풍탁과 녹유서까래기, 연꽃무늬 수막새와 치미 등이 있어요.

미륵사지 석탑 사리봉영기는 백제 역사에 대한 새로운 사실들을 알려주는 소중한 기록으로 백제 무왕의 왕비인 사택적덕의 따님이 개해년(639년)에 사리를 모시고 절을 세워 무왕과 왕실의 안녕을 기원하는 내용을 담고 있어요.

관꾸미개와 금족집게, 청동함 속에는 진주와 호박, 유리구슬, 금구슬, 금판이나 금못 등의 보물이 많이 숨겨져 있었지요.

그런데 사리봉영기가 발견되면서 사람들은 선화공주는 어디가고 사택적덕의 따님이 왕비가 되었을까?

백제의 서동 왕자가 신라의 선화 공주를 꾀어내어 결혼했다는 전설은 어찌된 영문일까?

궁금해 하고 있어요. 서동 왕자는 무왕의 어릴 때 이름이에요.

아름다운 사랑의 전설은 전설로 끝나는 건가요?

미륵사는 통일신라시대에도 중요한 불교사원으로 번창하였어요.

미륵사지 당간지주(보물 236호)와 금동향로(보물 1753호)는 통일신라시대의 미륵사를 상징하는 문화재죠.

고려시대에도 많은 건물들이 세워졌으며 고급 도자기가 널리 사용되었어요. 조선의 불교 억압 정책에도 미륵사는 조선시대 전기까지 명맥을 이어갔으나 임진왜란 전후한 시기(16세기말)에 불빛이 다하였답니다. 왜놈들이 미륵사를 불 질렀기 때문이죠.

그러나 돌로 만든 미륵사지 석탑(국보 11호)은 불타지 않고 살아남아 비록 한 쪽이 무너졌으나 복원되어 우리를 기다리고 있어요.

절에서 깃발을 매달았던 깃대(당간)를 지탱하기 위해 당간 옆에 세운 기둥, 당간지주도 당당한 모습으로 서 있군요.

미륵사지(사적 150호)에는 스님들이 공부하는 강당 터도 있고 부처님 불상을 모셨던 금당 터도 있어요.

또 스님들이 잠을 자거나 쉬는 승방 터도 있군요.

미륵부처님이 세상에 내려오셔서 힘든 삶을 살아가는 사람들을 구원해 주기를 바라는 미륵신앙.

백성들과 왕실의 안녕을 위해서 무왕께서 미륵사를 창건하시고 백성들과 더불어 기뻐하셨다죠.

미륵사지 탑에는 작은 종이 많이 달려있어요.

바람이 불 때마다 맑고 고운 소리를 내는 종소리.

그 소리를 들으면 어지러운 마음이 가라앉고 무왕처럼 나라를 위하는 큰 사람이 되고픈 생각이 들지요.

자! 여러분도 얼른 시간을 내어 미륵사지로 떠나요.

박물관에 놀러가자 2

- 백제역사 유적지구

과거 백제는 중국-백제-일본을 이어주는 동아시아 교류의 중심이었어요.

이러한 교류를 통해 백제는 불교문화를 확산시켰고 예술과 건축 등을 발전시켰죠. 유네스코세계유산이 된 8개 유산은 공주 공산성과 송산리고분군이 있고 사비시기 유적인 부여 관북리 유적과 부소산성 정림사지, 능산리고분, 나성이 있지요. 사비후기에는 익산 왕궁리유적과 미륵사지가 있어요.

유네스코세계유산에 등재된 기준을 보면 백제가 한국, 중국, 일본의 고대 왕국들 사이의 상호교류를 통해 건축기술 발전과 불교확산을 보여주었고 또 수도 입지선정이나 불교사찰, 성곽과 건축물의 하부구조, 고분과 석탑을 통해 내세관과 종교, 건축기술, 예술미를 보여주는 특출한 증거가 되었기 때문에 2015년 7월 8일 유네스코세계유산으로 등재되었답니다.

백제는 왜 한성에서 웅진으로 이동했을까요?

백제는 한강유역에 처음 자리 잡았는데 475년 고구려 침략으로 수도가 함락되어 지금의 공주인 웅진으로 수도를 옮겼어요.

이때를 웅진시기라고 해요.

웅진은 동·서·남쪽이 산지로 둘러싸여 있고, 북쪽에는 금강이 흐르고 있어 적들의 방어에 매우 유리한 입지였지요.

또한 금강은 바다와 만나 백제가 중국 등 동아시아 각국과 교류를 가능하게 해주었어요. 백제가 힘을 키우는데 최적의 장소였지요.

그러나 웅진은 지역이 협소하여서 538년에 사비로 천도를 하지요.

백제는 새로운 수도 사비에서 찬란한 문화의 꽃을 피우지만 나당연합군에 의해 결국은 멸망하였어요.

사비후기의 문화를 보여주는 익산은 평야지대를 가지며 교통의 요지로써 신라로 진출하기 위한 교두보였어요.

백제가 망하면서 백제의 왕족이나 귀족들은 자기들을 대접해주지 않는 통일신라에 살기 싫다면서 일본으로 배를 타고 갔어요.

일본에 우수한 문화와 기술을 전하면서 일본에서 주 세력을 형성하기도 했지요.

그러나 일반 백성들은 나라가 바뀌어도 생활은 별 변함이 없으니 이웃들과 정답게 살았답니다.

지금도 한국 국적을 가진 인재를 한국에서 인정해 주지 않으면 대접해주는 다른 나라로 가서 살고 싶지 않겠어요?

누구든 자기를 인정해 주는 곳에서 행복하게 살고 싶은 것이 사람의 마음인가 봐요.

박물관에 놀러가자 3
- 왕궁리유적전시관

"선생님, 화장실에 뒤 처리용 나무막대가 있군요."
"지금 우리는 나무로 만든 부드러운 화장지로 똥을 닦지만 예전에는 저 막대기로 뒤 처리를 했다더라."
"아휴 더러워. 부드러운 풀잎으로 닦는게 훨 나을 텐데."
"글쎄, 급해서 바지에 똥 싸게 생겼는데 언제 풀이파리 뜯으러 갈까? 우리 할아버지 때는 새끼줄로 뒤 처리 했다더라."
영수는 고개를 절래절래 흔들며 선생님 설명을 들었어요.

현재까지 확인된 국내 최고의 왕궁리 화장실 유적은 토광을 파고

나무기둥을 세워 발판을 만들어 사용했대.

왕궁의 중심시설과는 별도로 공방지 주변에 설치한 것으로 보아 공방과 관련된 사람들을 대상으로 위생적인 뒤 처리를 위해 설치한 것이겠지.

왕궁리유적은 백제말기 왕궁으로 조성되어 사용하다가 왕궁의 건물 일부를 헐어내고 사찰이 들어선 복합유적이지.

백제 왕궁으로서는 처음 왕궁의 외곽 담장과 내부 구조가 1989년부터 실시한 발굴조사로 확인되었어.

왕궁의 남측 절반은 의례와 의식, 정무, 생활을 위한 건물들이 동서방향의 4개 석축으로 공간을 나누어 배치하였단다.

북측 절반은 왕궁 내 휴식을 위한 공간인 정원과 후원, 백제시대 가장 귀중품인 금과 유리를 생산하던 공방터와 국내 최고의 화장실 유적이 있단다.

영수와 친구들은 선생님을 따라서 1m 정도의 높이로 쌓여진 담장을 따라서 걸었어요.

북쪽으로 기울어 있던 왕궁리 5층 석탑의 붕괴를 방지하기 위해 1965년 해체 보수 작업을 하던 중 1층 옥개받침과 기단부에서 사리병과 금은제금강경판과 금동불상 등이 발견되어 국보 123호로 지정

되었다는군요.

　넓은 터 가운데 당당하게 서있는 국보 제289호 석탑이 왕궁리유적지를 잘 지키고 있는 것 같아요.

　왕궁리유적은 무왕이 돌아가시자 익산쌍릉에 모셔짐에 따라 무왕의 명복을 빌기 위해 왕궁을 허물고 사찰로 지었다는군요.

　왕궁리유적 출토 유물 중에는 백제의 수도라는 사실을 말해주는 수부라고 도장 찍은 기와, 백제 최고 기술로 제작된 뚜껑이 있는 토기완이 있었요.

　중국과 교류한 사실을 알 수 있는 중국청자편과 정원석이 있군요.

　왕궁의 부석시설로는 금, 유리, 동의 제련과 제품의 생산시설인 공방지와 대형 화장실, 석축배수 시설이 있네요.

　공방지에서는 금고리, 금판, 금못 등의 금제품과 유리제품, 동제품과 이들의 제련과정에서 나오는 것들이 출토되어 왕궁 내에서 금, 은, 동의 생산과 제작이 이루어진 사실을 알 수 있군요.

　서동이 금을 얻어 백제 제30대 무왕으로 올랐다는 삼국유사의 기록과 같이 무왕이 금을 귀중하게 여긴걸 알 수 있었어요.

　무왕은 생산시설을 왕궁 내에 두고 외부로 유출되지 않도록 철저히 관리했다는군요. 왕궁리유적 발굴조사에서 유물이 1만여 점이 나왔다니 당장 달려가서 구경하고 싶어요.

세계 박물관의 날

"어린이 여러분, 세계 박물관의 날이 언제인지 아는 사람? 모른다 구요? 바로 5월 18일이랍니다."

이야기할머니께서 세계 박물관의 날을 맞아 5월 11일부터 5월 20일까지 열흘간 전국 박물관과 미술관 120개 관이 무료로 개방된다고 하셨어요.

써니는 엄마랑 미술관 위주로 구경 가야겠다는 생각을 했어요.
써니는 앞으로 화가가 되는 것이 꿈이거든요.
문화체육관광부는 한국박물관협회와 함께 '2018박물관, 미술관 주간' 행사를 개최한다고 9일날 밝혔대요.

이번 행사 기간에는 전국의 박물관과 미술관 120개 관의 특별전시와 박람회 등을 무료로 관람할 수 있대요.

국립중앙박물관에서는 '칸의 제국 몽골' 특별전을 한다네요.

국립현대미술관 과천관에서는 '이성자, 지구 반대편으로 가는 길' 그림 전시를 한다는군요. 또 서울관에서 '내가 사랑한 미술관 근대의 걸작'을 비롯해 국립민속박물관에서는 '호모 소금 사피엔스' 특별전을, 대한민국역사박물관에서는 '70주년 기념 4.3 이젠 우리의 역사 전'도 한다니 다 볼 수 있을지 모르겠어요.

다양한 전시 외에도 교육프로그램과 학술대회도 있대요.

세계박물관협회(ICOM) 한국위원회 등 27개 학회 및 단체들이 함께 참여하는 '한국박물관 국제학술대회'도 18일부터 3일간 국립중앙박물관과 국립한글박물관에서 개최된다는군요.

'새로운 접근, 새로운 대중'이라는 주제로 박물관과 미술관 발전을 위한 소통방법을 논의하는 자리가 된다네요.

국립중앙박물관은 14~20일에 열린마당에서 바자회를 열고 전시도록과 문화상품을 저렴한 가격에 판매한다고 하니 기대가 되는군요.

"어린이 여러분 부모님과 함께 세계 박물관의 날을 뜻 깊게 보내길 바래요."
"네 할머니선생님, 좋은 정보 감사합니다."
써니는 이야기할머니께 인사하고 엄마가 기다리는 집으로 달려갔어요.

간월암과 무학대사

"마침 물이 빠졌구나."

할머니께서 진이를 돌아보며 활짝 웃으셨어요.

"저번에 왔을 때는 물에 잠겨 못 들어갔는데 지금은 걸어서 들어갈 수 있겠네요."

진이가 앞장서서 걸어가며 말했어요.

간월암은 밀물 때는 섬으로 변하고 썰물 때는 지금처럼 육지로 변하지요.

예전에는 물 위에 떠있는 연꽃과 비슷하여 연화대라고 부르기도 했다는군요.

"고려 말 무학대사께서 이곳에서 수도하던 중에 달을 보고 도를 깨우쳤다하여 암자 이름을 간월암이라 하고 섬 이름도 간월도라고 했다는군."

"나옹스님이 무학대사의 스승님이었다고 하던대요."

"그래? 우리 진이 어디서 들었니?"

"역사선생님께 배웠어요."

"그럼 이 노래도 아니? 나옹선사님 글인데."

　　청산은 나를 보고 말없이 살라하고
　　창공은 나를 보고 티없이 살라하네
　　탐욕도 벗어놓고 성냄도 벗어놓고
　　물같이 바람같이 살다가 가라하네

할머니께서 평소에 자주 부르는 노래였기 때문에 진이도 끝까지 따라 불렀어요.

노래를 부르고 난 후에 할머니께서 무학대사의 이야기를 해주셨어요.

무학대사가 어머니 뱃속에 있을 때 아버지께서 국채 빚을 지게 되어 집을 나가셨다는군.

　사령이 어머니를 대신 호송하여 서산 현감으로 가던 중 산기를 느꼈다지 뭐야. 때는 겨울철이라 온 주위가 눈으로 덮였는데 한 곳이 눈이 없어 그곳에서 몸을 풀었지.

　힘들게 낳은 아기는 옷가지로 덮어두고 현감에 이르니 원님께서 부인의 모습이 몹시 피로해보여 그 이유를 물었단다.

　"어허! 참으로 딱하군. 그건 사람의 도리가 아니지. 어서가서 아기를 구해오너라."

　사령이 허겁지겁 빠르게 그곳으로 달려가니 큰 학이 두 날개를 깔고 덮어 아이를 보호하고 있지 뭐야.

　사령이 아기를 안고 와서 상세히 본 사실을 이야기했지.

　"허허, 참으로 상서로운 일이로다. 아기 이름을 무학이라 하여라."

　원님께서 매우 기뻐하시며 아기 이름을 무학이라 지어주셨대.

　무학은 무럭무럭 자라서 이십세에 출가하였단다.

　이곳 간월암에서 토굴을 지어 열심히 수도하던 중에 달을 보고 도를 깨우치니 나옹스님께서 더 배울 것이 없다 하시며 법호를 무학으로 지어주셨대.

　세속으로 내려온 무학대사께서 이성계를 만나 500일 기도를 올리게 했지. 기도 마치는 날에 이성계가 서까래 세 개를 짊어진 꿈을 꾸었어. 무학대사께서 이태조가 될 것을 짐작하고 한양터에 경복궁을 28칸 지었다는군.

　이조 28대의 왕운을 짐작한 게지.

　그 후 조선왕조의 배불정책으로 간월암이 폐사된 것을 1941년 만공선사께서 복원하시고 이곳에서 조국광복 1000일 기도를 하셨지. 기도를 마치면 광복을 맞으리라는 예언을 하셨는데 진짜로 광복기도를 마친 다음날 해방을 맞이했대.

　조선의 건국과 해방을 함께한 기도도량 간월암은 성철 스님 등 많은 수도인들이 이곳에서 득력을 하셨다는구나.

"할머니, 나도 무슨 일이 있으면 여기 와서 기도할래요."

"우선 목표를 세우고 노력을 한 다음에."

"물론이죠. 아무리 노력해도 일이 잘 풀리지 않을 때나 내 힘으로 풀기 어려운 일이 있으면 그럴게요."

"기도란 그런 것이지. 농사를 지었는데 운명의 태풍이 사정없이 불어오면 허사가 되겠지. 노력한만큼 거둘 수 있도록 해주십사 겸손하게 바라는 기도는 이루어질 거야."

"노력도 안하고 바라는 기도는 도둑심보이니 어느 누구도 들어주지 않을 것 같아요."

진이는 할머니와 간월암 법당에서 삼배를 드리고 밖으로 나와서 넓은 바다를 바라보았어요.

시원한 바람이 불어와 두 뺨을 간질어 주는군요. 마치 기특하게 잘 크고 있어 대견하다는 듯이.

진이는 이 다음에 커서 바다 건너 다른 나라에 가서 우리나라 역사를 부지런히 전해야겠다는 생각이 들었답니다.

암각화를 그리는 소년

"우와! 진짜 잘 그렸다."

"어떻게 우리가 잡아온 고래와 꼭 닮았지?"

큰 고래를 잡아와서 반구대 앞에서 동네잔치를 벌이려던 사람들과 마을사람들은 깜짝 놀랐어요.

"저기, 진이가 그렸어요."

수니의 손짓을 따라 동네사람들의 시선이 모두 진이에게 머물렀어요.

진이 얼굴이 새빨개졌어요.

"정말 네가 그렸니?"

진이는 대답대신 고개를 끄덕거렸어요.

　진이는 수줍음이 많은 아이랍니다. 어릴 때 나무에 올라갔다가 떨어진 이후로 한쪽 다리가 불편해요.
　그래서 친구들과 어울려 사냥도 못하고 동굴에서 그림만 그린답니다.
　그런데 진이에게 희한한 능력이 생겼어요.
　멀리서 말하는 사람들 소리나 짐승 소리 심지어 나무들의 속삼임까지도 들을 수 있게 되었어요.
　그뿐만 아니에요. 사람들이 잡은 짐승들의 모습까지 눈앞에 훤히 떠오르는 거에요.
　진이가 사슴이나 멧돼지, 고래, 호랑이, 양, 거북이, 가마우지 등을 그릴 때 수니는 말없이 지켜보았어요.
　새끼를 밴 동물그림은 사냥감을 많이 잡게 해달라는 소망이 깃들어 있다고 했어요.
　진이는 또 병을 고치고 공동 제사를 주관하는 제사장을 그렸어요.
　그는 사냥을 통해 죽임을 당한 동물이 새로운 몸을 얻어 회생하기를 기원하는 사람이지요.
　"진아 고래 그림이 많네."

"응, 고래는 여러 종류가 있어."

"내 눈에는 비슷해 보이는데 자세히 이야기해 줄래?"

진이는 수니에게 눈을 맞추고 다정하게 이야기를 시작했어요.

"이건 혹등고래, 저건 북방긴수염고래, 향고래, 돌쇠고래, 범고래, 상괭이야. 고래와 비슷하지만 종이 다른 듀공도 있어. 옆의 그림은 귀신고래인데, 귀신고래는 새끼를 업고 다니는 습성이 있어. 새끼를 보호하는 것이 귀신같다고 귀신고래라는 이름이 붙여졌대. 가을에는 남쪽으로 이동을 한다더라."

"너 고래박사구나. 난 고래고기 먹을 줄만 알지 고래에 대해서 하나도 몰랐어."

수니의 칭찬에 진이 얼굴이 또 빨개졌어요.

진이는 날카로운 도구를 이용해서 윤곽선을 새긴 다음 내부를 쪼아내거나 긁어내기도 하는군요. 진이는 날마다 바다동물과 육지동물 또는 사람얼굴이나 배, 그물 등을 반구대에 새겼어요.

여러 사람들이 배를 타고 끈이나 막대를 이용해서 고래를 사냥하는 모습은 아주 생생하게 표현되었다고 사람들이 입을 모아 칭찬했어요.

봄, 여름, 가을, 겨울 사계절이 수천 번이나 지난 어느날 진이와 수니같은 아이가 반구대를 찾아왔어요.

"바위에 동물 그림이 많네."

"언제 그려진 걸까?"

"글쎄, 암각화는 바위 위에 다양한 기술로 그려진 그림을 말하는데 전세계 거의 모든 지역과 시대를 거쳐서 나타나는 인간의 가장 오래된 예술 표현의 일종이지."

책을 많이 읽는 남자아이가 전문가처럼 설명하는군요. 여자아이는 그 옛날 수니처럼 눈을 동그랗게 뜨고 이야기를 들었어요.

그런데 반구대암각화는 1965년 12월 울산의 공업용수를 공급하기 위해 건설된 사연댐으로 물속에 잠기게 되었지.

연중 5~6개월 가량 물속에 잠기며, 6~7개월 정도 수면 위로 모습을 드러내지. 그러나 이곳을 방문하더라도 대곡천으로 인해 가까이에서는 볼 수 없고 반구대암각화 대형 모형도 사진을 설치해서 방문객의 이해를 돕게 했어.

암각화는 매장 문화재 등과 달리 절대연대를 추정할 수 있는 방법이 없다고 해. 현재는 신석기 말부터 청동기시대 정도로 추정하고 있어.

앞으로 암각화 주변의 자연생태와 유적에 대한 종합적인 조사가 이루어지면 당시 거주했던 암각화 제작인들의 매장 흔적이 발견되겠지.

그러면 정확한 연대 측정이 가능할 거야.

세계에는 수많은 암각화 유적이 존재하고 있지만 반구대암각화처럼 수많은 동물과 종을 구분할 수 있을 만큼 상세하게 표현한 암각화는 찾아보기 어렵대요.

반구대암각화는 현존하는 세계 최초의 포경유적일 뿐만 아니라 북태평양의 독특한 선사시대 해양문화를 담고 있는 세계적인 문화유산으로 평가되고 있답니다.

아주 오래전에 그림그리기를 좋아하던 열정적인 소년.

벽화를 그리던 수줍음 많은 진이 덕분에 반구대암각화를 찾는 사람들의 발길이 오늘날에도 끊임없이 이어지고 있네요.

제 5부

전쟁은 싫어요

전쟁이 나면 어떡해요?

"엄마, 오늘 학교에서 전쟁이 났을 때 행동요령을 배웠어요."
"아휴, 전쟁이라니. 듣기만 해도 끔찍하구나. 어떤 걸 배웠니?"
"저 따라 외쳐보세요. 준비! 대피! 듣기!"
"준비, 대피, 듣기."
묵이는 학교에서 배운 대로 얘기했어요.

첫째로 대피 장소를 미리 알아두고 대비 물품을 준비해 놓는다.
둘째로 공습경보가 울리거나 포탄이 떨어질 때 신속하게 대피하여 몸을 보호한다.

셋째, 공습이 멎고 조용해졌을 때 정부의 안내에 따라 행동한다.

"묵아, 우리 집에서 가장 가깝고 안전한 대피 장소는 어디지?"
"스마트폰 앱 '안전디딤돌'에서 찾아보면 알 수 있어요. 대체로 공습에는 지하시설이 안전하대요."
"화학무기 공격 시에는 높은 곳이 더 안전하겠지?"
"엄마도 알고 계셨군요."
"그럼, 그 정도는 상식이지. 공습경보가 울리거나 포격이 있을 때 고층 건물에서는 엘리베이터를 타면 안 되고 비상계단을 이용해야지. 운전 중일 때는 키를 꽂아두고 대피하고."
"화학무기 공격 시에는 호흡기를 보호하고 높은 곳으로 피해야 하지만 집 안에 있을 때는 문틈을 밀폐하고 에어컨이나 환풍기 사용을 중단하고 오염된 피부는 비누로 15분 이상 씻어야 한대요."
"정말로 그런 일이 벌어지면 끔찍하겠구나."
"공습 이후에는 정부의 안내에 따라 행동해야 한다고 했어요. 라디오방송에 귀를 기울이고, 소문과 유언비어에 동요해서는 안 된대요."
"혼자 있지 말고 가족이나 이웃과 함께 해야겠네."
"네, 그래요. 어린이나 노약자가 불안하지 않게 현재 상황을 설명하고 대화하고 격려해야 한다고 했어요."

"부상자가 생길 테니 헌혈도 하고 구호품도 보내야겠지. 다 같이 어려움을 극복해야 하니 혼자 살겠다고 생필품 사재는 사람을 계몽해야 하겠네."

"엄마는 역시 봉사정신이 뛰어나군요. 불필요한 전기사용이나 전화통화를 자제하고 개인차량 이용을 자제해야겠죠."

"가족과 떨어질 경우를 대비해서 어린이는 명찰을 달고, 어른은 신분증 사본을 준비하는 것도 잊지 말아야지."

"화학무기 공격을 당하면 호흡곤란, 근육경련, 구토 현상이 있대요. 눈 통증이나 피부가 변색되고 정신착란도 일으킨다고 했어요."

"생화학무기에 공격당했을 때는 오염물질이나 환자와 접촉을 해서는 안 된단다. 예방접종을 하고, 음식은 15분 이상 끓여서 먹어야 한단다. 구토 현상이나 복통, 발열 현상이 있지만, 원인 모를 병도 생기겠지."

엄마도 묵이 못지않게 알고 계셨어요. 그리고는 민방위경보에 대해 가르쳐주셨어요.

적의 공격이 예상될 때는 경계경보를 울리는데 1분간 평탄한 사이렌 소리를 울린단다.

공격받고 있을 때는 공습경보를 3분간 물결치듯 사이렌 소리를 울리지.

화생방공격이 예상되거나 공격받고 있을 때는 음성방송으로 화생방경보를 알린단다.

공격이 멎고 추가 공격이 예상되지 않을 때 경보해제를 음성방송으로 알려주지.

"엄마, 교육을 받고 나니 평화롭게 사는 지금이 너무 소중하게 느껴져요."

"그렇단다. 전쟁은 영원히 없어져야 하지만 만약을 대비해 이런 교육이 필요한 거지. 오늘은 마트에 가서 비상 물품을 살까? 적은 거 한번 읽어보렴."

"식량과 물, 응급약품, 라디오와 손전등, 침구, 의류, 방독면, 마스크, 우의, 장갑, 비누 등."

"간소하게 준비하고, 먹을 거는 몇 달 지나면 꺼내먹고 다시 채워놓자."

"북한이 핵무기를 많이 보유하고 있다는데 혹시 핵무기로 공격받으면 어떡해요."

"경보가 울리면 지하철역이나 터널, 지하상가에 대피하고 핵폭탄이 터지면 배가 바닥에 닿지 않게 하고 반대 방향으로 엎드린 후 입을 벌리고 눈과 귀를 막는단다. 핵폭발 이후에는 방사능과 낙진을 피하고 이동할 때는 우의나 우산을 활용하여 몸을 보호해야지."

"스마트폰 앱 '안전디딤돌'과 '국민재난안전포털'에서 확인하고 정부의 안내에 따라 행동해야겠지요. 그래도 전쟁은 싫어요."

"그 누구도 전쟁은 싫지."

묵이는 엄마와 함께 마트에 비상 물품을 사러 갔어요.

남북 문화유산 공동발굴

2007년에서 2016년까지 북한과 일곱 차례 문화유산을 공동조사했대요.

왕건이 지은 개성 만월대 궁궐에서 유물 1만6천여 점 함께 찾았다고 해요.

세계 최초 금속활자의 세 번째 실물도 발견되었다죠.

남과 북이 하나 되어 서로 협력하면 우리 민족의 훌륭한 역사를 되살려낼 수 있겠지요.

서기 877년 송악산 남쪽 기슭에서 왕건이 태어났대요. 왕건은 삼국시대 말 강원, 경기, 황해 일대를 점령하여 군사를 모아 세력을 키운 궁예의 부하가 되었어요.

궁예는 901년 송악을 수도로 후고구려 태봉국을 세우고 스스로 왕이라고 칭했어요. 904년에는 나라 이름을 마진으로 바꾸고 도읍지를 철원으로 옮겼어요.

그러나 궁예는 곧 난폭해져서 백성들의 존경을 잃었어요.

918년 왕건이 궁예를 몰아내고 원래 수도였던 송악을 다시 도읍지로 삼아 고려를 세웠어요.

만월대는 왕건이 송악산 기슭에 지은 궁궐터예요.

궁 안에서 달을 바라보기 좋은 건축물인 망월대가 있었는데 조선 시대로 건너오면서 만월대라고 부르게 됐다고 해요.

고려 궁궐은 1361년 공민왕 때 홍건적이 침입해 그만 불타고 말았어요. 폐허처럼 남아있던 만월대 유적을 우리나라와 북한 학자들이 2007년부터 2016년까지 일곱 차례에 걸쳐 공동으로 조사했어요. 남북관계자들은 그동안 중단된 조사와 보존사업을 석 달간 다시 하기로 합의했대요.

만월대처럼 정부 차원에서 이뤄진 합동 조사는 아니지만, 신라 법

흥왕 때 금강산에 지은 사찰 신계사를 남북이 공동으로 복원한 일도 있답니다. 북한 국보 문화유물 제95호이지요.

신계사는 6·25전쟁 때 건물이 모두 불타 없어지고 삼층석탑만 남아있었는데 2004년에서 2007년까지 남북이 힘을 합쳐 대웅전을 비롯한 여러 건물을 함께 복원했어요. 2015년까지 매년 공동법회도 열었다고 해요.

1993년에 남북 역사학자와 고고학자들이 러시아 연해주에서 만나 분단 후 처음으로 발해 유적을 공동발굴한 적도 있답니다. 러시아 연구소 초청으로 남북한 발굴단이 동참하는 방식이었지요.

발해 유적은 중국, 북한, 러시아에 퍼져 있는데 건축물은 대부분 없어지고 건물터나 무덤, 성곽 등이 남아있지요. 발굴단은 봉황과 연꽃문양이 새겨진 발해 수막새 기와를 찾아냈어요. 기와에 새겨진 연꽃무늬는 고구려 양식에서 온 것이라고 해요. 발해가 고구려를 이어받았다는 뜻이죠.

이번에 남북한이 교환한 합의서에는 '비무장지대 내 역사유적 공동조사와 발굴'이라는 항목도 있대요.

앞으로 남북한이 공동으로 발굴할 수 있는 문화유산으로 태봉국의 철원성이 첫째랍니다.

후고구려를 세운 궁예가 904년 도읍을 철원으로 옮긴 후 지은 대규모 도성이래요. '궁예도성'이라고도 불리지요.

왕건이 궁예를 몰아낸 918년까지 14년 동안 후고구려의 수도였어요.

태봉국 도성은 아주 커대요.

고려 때 김부식이 쓴 역사서 삼국사기에 '905년 국토는 황폐해졌는데 새 도읍에 지극히 사치스러운 궁궐을 지어 백성들의 원망을 샀다.'는 기록이 있어요.

그동안 태봉국 도성은 남북 군사분계선이 한가운데를 가르고 있어 발굴 작업이 이뤄지지 못했어요. 1917년 조선총독부가 만든 지도와 1951년 미군이 촬영한 항공사진을 보고 도성 규모와 위치를 파악할 정도지요. 남북 공동조사가 실현되면 철원 태봉국 도성에 대해 더 많은 걸 알게 되겠지요.

삼일절

"태극기가 많이 보이는구나. 거리에도 보이고 거의 집집마다 달았네."

"할아버지 삼일절은 어떤 날인가요?"

"1919년 3월 1일 우리 민족이 일제로부터 독립을 선언하는 만세운동을 펼쳤는데 이를 기념하는 날이란다."

"저도 삼일절 노래를 배웠어요. 기미년 삼월 일일 정오 터지자 밀물 같은 대한독립 만세 태극기 곳곳마다 삼천만이 하나로 이날은~."

"이 노랫말은 정인보 선생이 지었지. '흙 다시 만져자. 바닷물도 춤을 춘다.'로 시작하는 광복절 노래, '우리가 물이라면 새암이 있고,

우리가 나무라면 뿌리가 있다.'로 시작하는 개천절 노래, '비구름 바람 거느리고 인간을 도우셨다는~'으로 시작하는 제헌절 노래 등 우리나라 4대 국경일 노래의 노랫말을 썼지."

1910년 일제가 우리나라를 강제 병합 하자 나라의 독립을 위해 뜻을 품은 사람들이 '신민회'를 비롯한 비밀 독립단체를 많이 조직했단다. 일제의 탄압을 피해 나라 밖에서 독립운동 기지를 만들어 적극적인 투쟁을 했지. 독립운동가 이회영은 중국 연변 일대에 삼원보라는 독립운동 기지를 세우고 그곳에서 신흥강습소라는 독립군 양성 학교를 만들었단다.

그때 정인보 선생께서 조상으로부터 물려받은 논밭을 팔아 신흥강습소 운영에 필요한 돈을 보태었단다. 이런 도움을 바탕으로 신흥강습소는 '신흥무관학교'로 다시 정비해 군사훈련을 실시하고 많은 항일 무장독립투사를 배출했단다.

정인보 선생은 어려서 한문학과 유교를 공부했고 글솜씨도 뛰어났단다. 나라의 국권을 빼앗기자 중국 상하이로 건너가 신채호, 박은식 등과 함께 '동제사'라는 독립운동 단체를 만들어 활발하게 활동하셨지.

정인보 선생은 연희전문학교, 중앙불교전문학교, 이화여자전문학교 등에서 한문과 역사를 가르치며 학생들에게 민족정신을 심어주었고, 일간지 논설위원으로 활동하며 이순신 등 우리 역사 속 인물들에 대한 이야기를 많이 다뤄 국민에게 자긍심을 일깨워 주셨단다.

칼보다 붓으로 독립투쟁 활동을 펼쳤던 분이지.

아내가 첫딸을 낳은 지 엿새 만에 세상을 떠나자 그때부터 검은색 한복과 모자, 검은색 안경과 고무신 차림을 했다더라. 아내의 죽음과 나라 잃은 슬픔을 동시에 나타낸 거지.

정인보 선생은 최남선과 무척 친했는데, 최남선은 문인이자 언론인 역사학자로 3.1 독립선언서의 기초를 썼던 인물이었지.

그런데 조선총독부의 앞잡이 노릇을 하고 조선의 역사를 거짓으로 꾸미거나 사실과 다르게 해석하는 작업에 앞장섰단다.

'이제 내 친구 최남선은 죽었다.'면서 최남선 집 대문 앞에서 통곡을 했다는 일화도 있어.

많은 지식인들이 변절하여 일제 앞잡이로 돌아서도 정인보 선생은 우리 민족의 역사 속에 흐르는 '얼'을 강조하며 꿋꿋하게 민족의식을 지켜나간 분이지.

1945년 8월 15일 꿈에 그리던 광복을 맞이한 선생은 6·25전쟁 때

북한군에 납치되었는데 그만 그해 11월에 세상을 떠나셨단다.

   3.1 독립선언이 갖는 역사적 의미는 오늘의 대한민국을 탄생시킨 점이지. 일제에 나라를 빼앗긴 지 10년째 되는 해에 '오등은 자에 아 조선의 독립국임과 자주민임을 선언하노라.'고 독립선언을 대내외에 선포하셨지.

   독립국임을 선언한 후에 한 달여 만에 대한민국이란 국가가 탄생하였단다.

   헌법 제1조에 '대한민국은 민주공화제로 함'이라고 하면서 수천 년 동안 지속하여 오던 군주 주권과 전제군주제의 역사가 국민주권과 민주공화제의 역사로 바뀌었어. 이런 민족사의 대전환은 대한민국이란 국가가 건립되면서 이루어졌단다.

   3월 1일을 3.1절이라 국경일로 제정하고 이를 기념하는 이유지.

   독립국임을 선언하고 그 독립국으로 '대한민국'이란 국가를 세웠기 때문에 3.1 독립선언이 큰 역사적 의미를 갖게 되었단다.

   3월 1일은 공휴일에 철이는 언양 석남사에 가족들과 함께 놀러 갔어요.

   "할아버지, 소나무 밑동이 이상해요. 왜 움푹 파였나요?"

"응, 그건 일제들이 송진을 채취하려고 그랬단다."

"송진으로 뭘 했나요?"

"항공기 연료로 사용했지."

"소나무가 아팠겠다. 그래도 저렇게 씩씩하게 잘 크고 있네요."

"그럼, 우리 민족의 기상을 닮았지. 오늘 3.1일은 나라를 위해 애쓰신 분들을 추모하며 지내자."

철이는 소나무에게 다가가서 가만히 안아주었어요.

독도는 우리 땅

이모를 따라 삼척으로 여행을 갔어요.

진이가 역사에 관심이 많다는 걸 아신 이모는 삼척시립박물관부터 들렸어요.

제1전시실은 선사와 역사실이네요.

삼척에서 출토된 토기류와 고려와 조선시대의 행정사와 관련된 고서나 고문서를 전시하군요.

제2전시실은 민속과 예능실로서 삼척의 세시풍속과 각종 민속놀이를 모형과 영상으로 소개하고 삼척 출신 서양화가들의 작품을 전시하고 있군요.

제3전시실은 생업과 생활실이인데 의식주 관련의 유물이나 화전민들의 생활용구를 전시하고 특히 너와집을 재현하였는데 꼭 사람이 살고 있는 집처럼 생동감이 들었어요.

진이는 이사부의 영정을 자세히 들여다보며 그분에 대해 꼼꼼하게 메모하였어요.

이사부는 신라 내물왕의 4세손으로 왕족 출신의 귀족이군요.

그는 지략과 용맹을 겸비한 장군이며 국사편찬을 주도한 명재상으로 6세기에 비약적으로 신라를 발전시켰다고 해요.

특히 지증왕 때 지금의 삼척은 그때 실직국이었는데 군주로 부임하여 우산국을 신라의 영토로 편입하고 독도를 우리 땅이라고 못 박으셨군요.

이사부의 활약은 가야국을 공략하고 대가야를 정복하는 등 삼국통일의 원동력으로 작용하였다고 해요.

삼척시는 이사부를 동해왕이라고 지칭하며 21세기의 역사문화 창출의 지표로 삼기 위해 매년 여름이면 해양개척정신을 길이 빛내는 축제를 연답니다.

"그 누가 아무리 자기네 땅이라고 우겨도 독도는 우리 땅."

진이의 입에서 독도의 노래가 절로 나오는군요.

박물관을 구경하고 난 후에 죽서루를 찾았어요.

키 큰 대나무들이 죽죽 서 있고 3백 년 넘은 보호수 회양목이 몇 그루 있군요.

죽서루는 암벽 위에 지은 정자입니다.

기둥도 바위를 이용하여 세워서 그런지 길이가 각각 달랐어요.

죽서루 앞으로 맑은 물이 흐르는 계곡이 꽤나 깊어 보였어요.

또 우리나라 가사문학에 크나큰 업적을 남긴 송강 정철 선생의 표석이 서 있었어요.

높이 3m의 8각 대리석으로 기단 8각의 각 면마다 송강 선생의 대표작과 친필, 수결, 세움말 가사창작 등을 담아 정철 선생의 생애와 문학에 관한 미니박물관 역할을 하는군요.

표석은 또 하나 더 있는데 성상별곡의 무대인 전남 담양의 식영정 부근이래요.

삼척 척주동해비를 보러 갔어요.

당시 삼척은 파도가 매우 심하여 조수가 읍내까지 올라오고 홍수 때에는 오십천이 범람하여 피해가 극심하였다네요. 이를 안타깝게 여긴 허목 부사께서 신비한 뜻이 담긴 동해송을 지어 독창적인 옛 전서체로 써서 정라진 앞의 만리도에 동해비를 세웠다 해요. 그래서인지 그 후로 바다가 조용해졌다고 하네요. 동해비가 풍랑으로 파손되자 숙종 때 이를 모사하여 현재의 육향산에 세웠다고 합니다.

조수를 물리치는 신비한 힘을 가졌다고 하여 퇴조비라고도 하는데 이 비석은 전서체의 동방 제일인자라고 하는 허목의 기묘한 서체로도 유명하답니다.

허목 부사께서 중국 형산의 우제가 썼다는 전자비에서 48자를 모아 목판에 새겨 보관해오던 것을 1904년에 왕명으로 비석에 새겨서 세웠다는군요.

돌아오는 길에 허균과 허난설헌 기념공원을 찾아갔어요.

강릉 바닷가 사천과 이어진 교룡산 정기를 타고난 허균과 눈처럼 깨끗한 성품을 지닌 허초희는 문향 강릉이 낳은 오누이 문인이랍니다.

특히 난설헌의 글재주가 더 돋보여 신선 재주를 닮았다고 황현 선생이 칭송하셨답니다.

오누이는 글 잘 짓고 학문하는 것을 자랑거리로 삼는 강릉 땅 초당에서 살면서 경포호의 아름다운 풍광을 시로 읊고 문학성을 키워 나갔다고 해요.

허난설헌은 8세 때 신선 세계 상상의 궁궐인 광한전 백옥루의 상량식에 자신이 초대되었다고 상상하고 '광한전백옥루상량문'을 썼다고 해요.

대단한 천재 여류시인이지요.

하지만 결혼하여 불행한 삶을 살다가 일찍 돌아가셨다고 합니다.

   아들딸 여의고서
                  허난설헌

   지난해 귀여운 딸애 여의고
   올해도 사랑스런 아들 잃다니
   서러워라 서러워라 광릉땅이여
   두 무덤 나란히 앞에 있구나
   사시나무 가지엔 쓸쓸한 바람
   도깨비불 무덤에 어리비치네
   소지올려 너희들 넋을 부르며
   무덤에 냉수를 부어 놓으니
   아무렴 알고말고 너희 넋이야
   밤마다 서로서로 얼려 놀 테지
   아무리 아해를 가졌다 한들
   이 또한 잘 자라길 바라겠는가

부질없이 황대사 읊조리면서
애끓는 피눈물에 목이 메인다

  이모가 곡자라는 한시를 읽으면 진이가 한글로 번역한 시를 읽었어요. 눈물이 나오려는 걸 꾹 참고 다 읽고 나니 허난설헌의 애통한 심정을 조금 알 것 같았어요. 그래서 오래 살지 못하고 돌아가셨는가 봐요. 요즘 세상 같았으면 한국은 물론 세계적인 작가가 되어 노벨문학상도 탔을 거예요.
  어쨌든 옛날 여자들은 남자들에 비해 불쌍하게 살았던 거 같아요. 지금 엄마나 이모, 고모들 사는 것은 그렇지 않은데.
  진이는 아직 어리지만, 훗날 장가가면 아내의 재주를 마음껏 발휘하도록 도와줘야겠다는 생각을 하며 이모와 강릉 초당마을 숲을 거닐었어요.

오늘의 나는

"아빠, 오늘의 내가 있기까지 역사가 궁금해요."

"그러면 구석기 시대부터 얘기해 볼까?"

"네, 할머니 말대로 제가 하늘에서 뚝 떨어진 것이 아니고 거슬러 올라가면 구석기 시대부터 제 생명의 뿌리가 있겠죠."

"구석기 시대 사람들은 동굴에서 바람과 비를 피해 살면서 뗀석기를 이용해 동물을 사냥하거나 나무 열매를 채집하여 먹고 살았단다."

"그때는 주먹도끼나 찌르개의 사냥도구와 긁개, 밀개 등의 조리도구를 사용했다고 배웠어요."

"신석기 시대에는 사람들이 움막 같은 정해진 주거생활을 하였지. 돌을 갈아서 사용한 간석기가 보급되었단다. 목축과 농경으로 생활을 꾸리고 흙으로 만든 토기를 사용했어."

"그 다음은 청동기 시대죠?"

"그렇단다. 청동기를 주요 기구로써 사용하던 시대로 석기 시대와 철기 시대의 중간 시대였지. 서아시아에는 기원전 3000년경에 비롯하고, 중국에서는 은·주 시대가 이에 해당한단다."

"우리나라 단군왕검께서도 기원전 2333년에 아사달에 도읍하여 고조선을 세워 약 2000년 동안 나라를 다스렸다고 하던데요?"

"글쎄, 단군신화는 삼국유사나 제왕운기, 세종실록 지리지, 동국여지승람 등에 실려 전하는데 정확한 역사기록은 아직 미완성으로 남아있어 안타까워."

"단군왕검은 한국민족의 시조로 받드는 태초의 임금인데 하늘에서 내려온 환웅께서 쑥과 마늘을 먹은 웅녀와 결혼하여 낳은 아들이라고 들었어요."

"잘 알고 있네. 고조선에 대해서는 역사가들이 연구를 많이 했으면 좋겠구나. 그럼 철의 시대에 관해 얘기를 해볼까?"

지금 김해는 예전에 금관가야였는데 철의 왕국이었지.

낙동강 하류 지역인 변한에서 12부족의 연맹체가 단합하여 6가야로 통합되었단다. 금관가야를 맹주로 하여 대가야, 소가야, 아라가야, 성산가야, 고령가야 등 6개의 소국이 있었지. 6세기 중엽 신라에 병합되고 말았지만 참으로 찬란한 문화의 꽃을 피웠단다.

가야금을 만든 우륵도 가야의 사람이었지. 김수로왕은 인도에서 오신 허왕옥 공주와 국제결혼을 하였단다. 한국 제1호 다문화가정을 이루어 알콩달콩 사신 페미니스트였지.

허황후의 성을 아들에게도 물려주고 일곱왕자를 하동 칠불사에 출가시켜 불교를 숭상하였단다. 우리나라에 불교를 맨 처음 포교하셨지.

김해시에 있는 수로왕릉과 수로왕비릉, 대성고분이나 봉황대에 가면 생생한 가야의 역사 현장을 느낄 수 있어.

신라가 당나라의 도움을 받아 고구려, 백제를 통합하여 통일신라의 시대로 이끌었지만 고구려도 참 대단한 나라였단다.

고구려의 첫 수도 환인에 자리 잡은 홀본산성은 우뚝 솟은 산세를 장악한 모양새가 그야말로 천연요새였지.

성벽은 아래로부터 계단처럼 안으로 들여쌓아 성벽 무게를 지탱할 수 있도록 설계하였고 곳곳에는 성벽을 보호하는 옹성과 치성을 두었지.

고구려의 두 번째 수도 집안에 있는 국내성은 고구려의 수도를 지킨 도성이고 2.5km 떨어진 환도산성은 국내성을 외호하는 성이란다.

고구려(37B.C.~A.D.668)는 700여 년 존재하였는데 광개토대왕(391~413) 때에는 한반도 남부에서 요동지방까지 아주 넓은 국토를 영위했단다.

고구려가 망하자 고구려의 유장 대조영이 고구려 유민과 말갈족을 거느리고 동모산에 도읍하여 발해를 세웠어.

698년부터 926년간 존재하였는데 9세기 선왕 때 가장 번영하여 중국으로부터 '해동성국'이라는 말을 들었어. 가장 오랜 기간 발해의 수도역할을 했던 상경성은 산과 강, 호수를 자연 해자로 이용하여 적을 방어하는데 유리한 곳에 자리를 잡았어. 상경성은 외성과 내성을 쌓고 그 안에 다시 궁성을 배치하였는데 성벽 전체의 둘레가 16km이고 외성 네 모퉁이에는 각루를 설치했지. 발해는 거란족의 침입으로 멸망하고 말았지만, 지금의 중국 땅을 많이 차지하였단다.

통일신라도 결국은 태봉의 장수 왕건에게 나라를 내어주었지.

왕건이 건국한 고려도 13세기에 원나라 지배를 받고 또 14세기에는 왜구와 홍건적의 침입에 시달리다가 이성계에 의해 멸망하고 말

앉단다.

"아빠, 조선을 세운 이성계는 전주 이씨래요. 그때 전주박물관에 가서 이성계 어전을 봤어요."

"조선은 1392년 한양에 도읍하여 불교를 억압하고 유교를 국교화 시켰지. 15세기에 전성기를 맞이하였으나 16~17세기에 왜적과 청군의 침입으로 나라가 매우 혼란스러웠지. 19세기에는 구미 열강과 일본의 압력을 받다가 결국 1910년에 일본에 합병되고 말았단다."

"36년간 나라를 빼앗기고 힘들게 살다가 1945년에 해방이 되었지만, 또 남한과 북한으로 갈라졌군요. 결국 나는 남한인 대한민국에서 살고 있네요. 이 지구상에서 유일한 분단국가가 되다니 외국인 친구들에게 좀 부끄러워요."

"언젠가는 통일이 되겠지. 결국 우리는 구석기 시대부터 짐승들의 위협이나 전쟁통에서도 살아남은 생명체구나."

"아빠, 오늘 역사 공부 잘했어요. 그러면 다음에 사람들의 탄생이 원숭이가 진화한 진화론이냐? 하나님의 창조론이냐? 얘기해요."

묵이는 아빠 볼에 뽀뽀를 하고는 1시간 주어진 게임을 신나게 즐기기 시작했어요.

제6부
부산 사랑

부산근대역사관

수니는 외할머니를 따라 노할머니를 만나러 갔어요.
노할머니는 김해에서 혼자 살고 계시지요.
"엄마, 이제 농사짓기도 힘든데 우리 집 근처로 이사 오세요."
"나는 여기서 살란다. 문만 열면 탁 트인 들판이 보이고 강둑에 산책하러 가기도 좋고."
"엄마, 옛날에도 쌀농사 많이 지었는데 조밥 드시고 살았다면서요?"
"왜놈들이 쌀을 말캉 공출해 가고 혹시라도 볏짚 속에 숨겼을까 봐 대꼬챙이로 찔러서 쌀이 나오면 뺏어가고 벌도 주었지."

"조는 중국에서 수입하여 죽 끓여 드셨다면서요?"

"그랬었지. 나라 빼앗기고 참으로 암울한 세월이었어. 우리 수니는 좋은 때 태어나서 세계여행도 하고."

노할머니께서 수니에게 찐쌀을 주시면서 빙그레 웃으셨어요.

"내일 수원에서 숙이도 내려온다더라. 수니랑 부산역에 마중 나갈래?"

"그럴게요, 엄마. 숙이가 좋아하는 태종대도 둘러보고 부산근대역사관에 들러 수니 역사 공부도 할 겸."

다음날 수니와 외할머니는 부산역으로 가서 이모할머니를 기다렸어요.

"수니도 나왔네. 많이 컸구나."

이모할머니가 활짝 웃으며 수니 어깨를 다독였어요.

이모할머니와 수니는 외할머니가 운전하는 차를 타고 태종대에 갔어요.

"태종사의 수국이 수니 머리보다 클 텐데 한번 가보자."

이모할머니의 요청대로 태종사에 들렸어요.

진짜로 수국이 큰 풍선보다 더 크군요.

이모할머니는 파도가 넘실거리는 바다를 보면서 또 감탄사를 와아! 와아! 질렀어요.

"정말이지, 넓은 바다를 보니 막혔던 속이 다 펑 뚫리네."

시내로 와서 부산근대역사관을 찾았어요. 그곳은 용두산 밑 중앙성당 근처에 있군요.

"언니, 여기 미문화원 있던 곳 아냐?"

"맞아, 광복 후 50년간 미국 문화원으로 사용되었으나 1999년에 부산시에 반환되었지."

"이모할머니, 부산근대역사관은 2007년 7월 3일에 개관되었어요."

수니는 이모할머니께 얘기했어요.

얼마 전에 학교에서 견학 온 곳이거든요.

"1층에는 부산의 근대사를 한눈에 볼 수 있는 유물 200여 점이 있고요. 영상물과 모형물 등을 전시하고 있어요. 2층에는 「부산의 근대 개항」, 「일제의 부산 수탈」, 「근대도시 부산」이라는 3개의 주제로 일제의 침략과 얼룩진 부산의 근대사를 조명했고요. 3층에는 「동양척식주식회사」와 「근현대 한미관계」 등에서 제국주의 세력의 침탈상을 볼 수 있어요."

수니가 설명하는 모습을 외할머니께서 대견하다는 듯 바라보셨어요.

"역사를 바로 알고 배워서 다시는 나라를 뺏기는 일이 없어야지.

이 건물은 1929년 일본 제국주의의 식민지 수탈 기구인 동양척식주식회사 부산지점이었지."

할머니께서 이렇게 얘기하시고 찻집으로 가서 동양척식주식회사에 대해 얘기를 해주셨어요.

"이 회사는 조선의 쌀을 안정적으로 공급받고 일본에 있는 몰락한 농민들을 구제하려는 목표를 지니고 이민정책을 추진하였지. 또 낙동강에 둑을 쌓아 김해평야를 만들고 조선인 소작농을 수탈하였어. 군수품을 생산한다고 농기구나 가마솥, 놋그릇이나 수저, 심지어 불상까지 강제로 빼앗아 가서 무기를 만들었지. 전쟁 비용에 쓰려고 조세 부담도 늘렸고 저축장려운동, 국방헌금을 강요하기도 했단다."

"일본 사람들 대부분 불교를 믿는데 불상까지 녹여서 전쟁 무기를 만들었다니 너무 심했다."

불심이 깊은 이모할머니께서 치를 떨며 말했어요.

그뿐만 아니래요. 한일합병 후에 조선 사람들을 일본 황국신민으로 만들기 위해 민족주의 교육을 철저히 말살했대요.

조선어, 조선 역사 교육을 금지하고 일본어와 일본 역사를 교육시켰다고 해요.

성도 일본식으로 바꾸는 창씨개명과 언론폐간 등 조선의 정신을 말살하려고 했대요.

그러나 우리 민족도 일제강점기 초기에는 주로 학생들이 비밀결사대를 조직하여 독립운동을 전개하였고 1919년 3·1운동 때에는 학생들과 민중이 모두 한마음으로 독립을 외쳤다고 해요.

1920년대에는 각종 청년단체가 조직되어 계몽운동이 확산되었고 사회주의단체가 등장하면서 민족해방운동이 더욱 활기를 띠었다고 해요.

1940년 11월에 일어난 부산항일 학생운동은 이데올로기 정책과 물리적인 수탈이 강화되는 과정에서 우리 민족정신이 살아있음을 보여주는 사건이었다고 해요.

드디어 1945년 8월 15일에 일본군이 물러가고 해방되어 우리민족끼리 잘 살아가나 했더니 남과 북으로 갈라지고 몇 년 안 지나서 남북전쟁 6·25가 터졌어요.

언젠가는 남북통일이 되겠지만 이 지구상에서 이렇게 살아가는 나라는 우리나라 밖에 없을 것 같아요.

수니는 부산근대역사관을 관람하고 나서 다른 친구들도 많이 관람했으면 좋을 것 같다는 생각을 했어요.

그리고 이렇게 살 수 있는 것도 다 힘들게 살다간 분들 덕택이라는 생각을 하고는 숙연해짐을 느꼈어요.

부산시민공원

"우와! 부산시민공원 진짜 넓은 공원이네요."
"그렇지? 세계에서도 손꼽히는 넓은 공원이란다."
"도시의 평지에 어떻게 이런 공원이 생길 수 있었나요?"

이모는 대전에서 놀러 온 조카 수야에게 부산시민공원이 탄생하게 된 과정을 얘기해 주셨어요.

1910년 한일강제병합 이후 범전리 일대의 농지는 대부분 일본인 자본가의 손에 들어갔단다. 1920년대 일본의 경기호황에 따른 위락시설의 하나로 1930년에 준공된 서면경마장은 일본인 중산층의 오락 활성화, 마권수익, 조선총독부의 세수 확보를 목적으로 건립되었지. 한편 일제는 필요할 경우 경마장을 군용지로 활용하겠다는 계획도 가지고 있었단다.

 이는 1937년 중일전쟁의 발발에 따른 기마부대 설치, 1941년 태평양전쟁에 대비하기 위한 제72병참경비대 설치, 1942년 임시군속훈련소 설치 등을 통해 잘 나타나고 있어. 해방이 될 때까지 이 부지는 군수품 야적장으로 쓰였단다.

 "그러면 해방이 되고 나서 이 땅은 무엇으로 사용되었나요?"
 "1945년 8월 15일 일본의 항복선언과 함께 점령군의 자격으로 한국에 입성한 미군은 38선을 경계로 남한지역의 군정을 실시하였단다. 그러나 미군정은 친일파 척결, 식량 및 경제정책, 신탁통치 방안 등 현안 문제를 원만하게 해결하지 못하였고, 결국 한국 문제가 UN에 상정되어 1948년 남한 단독으로 대한민국 정부가 수립되었단다. 정부 수립 후 미군은 일부 군사고문단만 남기고 철수하였지. 그러나 1950년 한국전쟁이 발발함에 따라 미군은 연합국으로 다시 참전하였고 부산기지사령부 '캠프 하야리아'를 설치하여 군수물자 보급과 후방기지 지휘 임무를 맡았지. 하야리아와 부산의 공존은 1945년 주둔 이후 2006년 기지 폐쇄까지 60년간 지속되었지. 캠프 하야리아는 군사기능 수행을 위한 독립적 공간이었으나 부산과 오랜 세월 애환을 같이하면서 서로의 문화를 전달하고 소통하는 역할도 했단다."

"지역사회하고 어떤 소통을 했나요?"

"캠프 하야리아에는 다양한 스포츠와 레저시설이 있었지. 야구, 탁구, 테니스, 농구 시설을 갖추었고 수영장과 볼링장도 설치되었단다. 인근 마을 어린이들이 미군들에게 야구장비를 얻거나 그들의 경기를 구경할 기회가 잦아서 야구에 익숙했으며 실제로 하야리아 사람들과 친선게임도 했다더라."

"한국 사람들이 하야리아에서 한 일도 있을 것 같은데요?"

"물론이란다. 한국전쟁 초기에는 미군의 잔심부름을 하면서 상주하는 소년들이 있었는데 하우스보이라고 불렸지. 타이피스트, 교환원, 파견군인, 카투사, 경비원 등 다양한 직종을 가진 한국인들이 미군들과 공생하였고 경제적 수익과 다양한 문화를 접할 기회가 제공되어 외부의 부러움을 사기도 했단다."

"영어를 잘해야만 카투사가 되었겠지요?"

"그럼. 영어는 이제 세계공통어가 되었지만, 그때는 영어 하나만 잘해도 출세의 지름길이 되었지."

"인근 주민들과의 소통은 어땠나요?"

"주민들은 원래 농사를 주업으로 하였으나 미군 부대가 들어서고 그들과 만나면서 미군 대상 상권이 형성되었지. 상인들은 미군에게 물품을 팔기도 했지만 반대로 미군 PX물품을 군인에게 되팔기도 했단다. 외부에서는 이 마을을 '부대마을' 또는 '돌출마을'이라고 불렀는데 주로 미군 상대로 주택임대, 기념품 가게, 술집, 양복점 등을 운영하면서 1980년대 후반까지 호황을 누렸단다. 이후 미군 감축에 이은 부대 폐쇄로 마을 전체가 쇠락함에 따라 2013년 부산시민공원 부지에 편입되고 지금은 마을의 흔적이 역사 속으로 사라졌지."

"또 다른 소통도 있었나요?"
"캠프 하야리아 미군과 마을 주민과의 첫 만남은 빨랫감을 통해서였지. 전쟁 당시 급수 사정이 좋지 않아 군복 세탁에 불편을 느끼던 미군들이 철조망 밖 주민들에게 빨랫감을 맡기기 시작하였지."
"주민들도 빨래세탁 벌이가 솔솔 했겠네요?"
"그럼 한 벌에 100원 받았는데, 100원은 그때 쌀 한 되 가격이었고 보통 10벌 정도 받아서 세탁했다더라. 우물이 없는 집은 도랑에서 물을 길어와 빨기도 했고 큰 개천으로 가져가 빨고 난 후 주변에 널어 말렸지. 때로는 흰 세탁비누와 떨어진 군복을 받기도 했는데 흰 비누는 다른 곳에 팔고 군복은 염색해서 입기도 했지."
"참 맞다. 그때 한국에는 흰 비누가 없었고 양잿물로 만든 검은 비누를 썼지요?"

"수야는 그걸 어디서 들었니?"

"학교에서 배웠어요."

"예전에 비하면 요즘은 세탁기다 뭐다 살기 수월해졌지."

"노점상도 있지 않았나요?"

"있었지. 시내 곳곳에 미군 부대에서 흘러나온 물건을 파는 노점상도 있었고, 남포동 국제시장에서 가장 활발하게 유통되었지. 담배, 커피, 과일, 옷, 라이터 등 다양했는데 60년대 중반에는 오렌지를 부대에서 가지고 나와 서면 태화극장 앞에서 15원에 팔면 하루 술값 정도는 해결되었다더라. 은밀한 통로로 거래되는 이 거래는 부산경제에 큰 도움이 되었단다."

"이곳이 부산시민공원으로 된 직접적인 동기는 무엇인가요?"

"1990년에 들어서면서 부산 서면 일대가 급속히 발전함에 따라 군사기지 보호법으로 묶인 캠프 하야리아와 인근 지역의 낙후성 문제가 대두되었고 이 같은 기형적 도시구조를 해결하기 위한 방안을 시민들과 부산시 모두 찾았단다. 1995년 부산지역 시민단체들이 모여 '우리 땅 하야리아 되찾기 시민대책위원회'를 결성하면서 캠프 하야리아 부지 반환 문제가 본격적으로 제기되었지. 그 후 2002년 한미연합토지관리계획 협정으로 미군 부대 강서구 이전계획이 논의되다가, 2004년 협정 개정으로 이전계획이 백지화되고 조기반환이 결정되었단다. 이때부터 '하야리아 부지 시민공원추진 범시민 운동본부'를 중심으로 부지 무상양도 운동을 적극적으로 추진하여 정부의 지원을 최대한 이끌어내었지. 2006년 캠프 하야리아가 폐쇄되고, 오랫동안 끌어왔던 환경오염 해결 문제를 2016년 초에 타결함에 따라 국방부로부터 부지 관리권을 이양받았지. 마침내 2011년 부산시민공원 조성 기공식을 개최하고 2014년 부산의 꿈과 희망을 담은 부산시민공원이 탄생하였단다."

"우와! 100년 만에 부산시민에게 돌아온 땅이군요."

수야와 이모는 넓은 잔디를 가로질러 뛰어가 보기도 하고 물가에서 헤엄치고 노는 물새들을 구경하며 넓은 공원을 거닐었어요. 많은 사연을 지닌 부산시민공원은 이제 사람들의 사랑을 듬뿍 받는 놀이터가 되어 찾아오는 사람들을 아낌없이 품어주고 있어요.

편두미인

민아의 외가는 부산 해운대입니다.

여름방학이 되도록 손꼽아 기다렸는데 오늘 아침부터 엄마가

"민아야, 너 이번 여름방학 때는 단단히 각오해야 해. 성적이 그게 뭐야. 상위권으로 올리고 운동도 뭐 할까? 수영이나 검도를 해야 살이 쑥 빠지겠지." 이렇게 살벌한 얘기를 했어요.

민아는 외할머니와 연극동아리에 들어가서 연극도 하고 바다 수영을 즐기려고 했지요.

민아는 엄마의 말에 대꾸도 하지 않고 학교에 갔어요.

내일부터 방학인데 덥기는 왜 그리 더운지 속에 불이 활활 타오르는 것 같아요.

이럴 때는 외할머니께 SOS를 쳐야 문제가 해결됩니다.

"외할머니, 어쩌면 좋아요. 이번 여름방학은 지옥이 따로 없겠어요. 외갓집이 해운대인데 바다 구경은 커녕 엄마 스케줄에 맞추자면 저는 더위에 녹아 사라질 것 같아요."

외할머니께서는 민아의 하소연을 들으시고 걱정하지 말고 집으로 돌아가 엄마의 말대로 하라고 했어요.

민아는 친구들이 놀자고 잡는 걸 뿌리치고 집으로 와서 엄마 눈치를 살폈어요.

"민아야, 딱 일주일이야. 그 이상은 하느님 부탁도 못 들어줘."

외할머니께서 전화해서 일주일 동안 민아의 휴가를 받았나 봐요.

"엄마 고마워, 엄마 사랑해!"

민아는 엄마에게 달려가 뽀뽀를 하고 야단법석을 떨었어요.

"얘는 이 더운데 어린애같이 왜 그래?"

엄마는 그리 싫지 않은지 눈을 살짝 흘기며 민아가 짐 싸는 걸 도와주셨어요.

민아는 외갓집에 가자마자 튜브를 가지고 바닷가로 달려갔어요.

해운대 백사장에는 많은 사람이 수영을 하고 어린애들은 모래성을 쌓는군요.

지상낙원 같은 이곳을 자칫하면 이번 여름에 못 올 뻔했어요.

'역시 외할머니는 언변이 좋으셔. 동화작가 아무나 하나.'

민아는 외할머니 칭찬을 혼자서 하며 시원한 파도를 타고 놀았어요. 입술이 새파래질 때까지 놀다가 돌아오니 외할머니께서 옥수수를 쪄서 주시는군요.

"강원도에서 택배시켜 온 거다. 찰옥수수라 맛이 더 좋아."

그러면서 아직 미완성이지만 편두미인이라는 동화를 읽어주셨어요.

가야에서는 편두미인 열풍이 일었어요.

이마가 넓고 편편해야 미인 축에 들 수 있어요.

인도에서 오신 허왕후의 외모가 출중하고 기품있는 모습을 보고 귀부인들이 따라 하려고 애를 썼지요.

항아아씨를 모시는 유모는 남달리 눈썰미가 뛰어나 이러한 소식을 항아아씨에게 먼저 전했어요.

"유모 이 돌로 무얼 하려고요?"

"아이고 아씨, 저 아랫마을에서 어렵게 구해왔어요. 요즘 편두가 유행하잖아요. 이 돌은 왕자님께 시집가는 금이아씨가 어릴 때 사용하던 것이에요."

"갓난이에게 얼마나 무거울까? 아직도 뼈가 무를 텐데."

항아아씨는 말은 이렇게 하면서도 애기씨 이마에 부드러운 천을 대고 돌을 얹었어요.

"뼈가 무를 때 편두를 해야지 효과가 더 크죠. 예뻐지고, 성공하는 데 쉬운 게 있을까요?"

항아아씨의 유모는 원래 양반집 딸이었어요. 그러나 가세가 기울고 시집간 집안도 풍비박산 나자 항아집에 유모로 들어왔어요.

그래서인지 다른 집의 유모보다 식견이 뛰어나고 어떤 때는 주인보다 미래감각이 앞섰어요. 항아아씨는 이모처럼 유모에게 의지하고 살았어요.

애기씨가 서너 살이 되자 유모는 또 이렇게 말했어요.

"항아아씨, 애기씨가 예쁜 편두를 가지게 되어 기뻐요. 왕궁으로 시집 보내는 건 힘들겠고요. 인도인 관리 집에 출가하면 좋을 것 같아요. 그러려면 지금부터 인도어를 배워야 해요. 그 관리 집에서는 며느리도 인도어를 잘하는 사람을 간택한다는군요."

인도인 관리는 인도에서 배가 들어오면 무역을 도맡아 해서 돈과 권력줄을 쥐고 있었어요.

"유모, 인도어를 잘하는 원주민에게 우리 애기 교육을 맡기자."

"네, 아씨. 잘 알아보고 좋은 선생님을 구해 올게요."

외할머니는 여기까지 읽어주시고는 내일 김해에 있는 김해박물관과 대성고분박물관에 가서 편두미인에 대한 자료를 구해 동화를 완성 시킬 거라고 하셨어요.
"할머니, 요즘은 브이라인 얼굴형이 유행인데 가야 때는 편두가 인기가 있었나 보군요. 위험할 수도 있었지요?"
"그때도 편두 하느라 돌 무게에 못 이겨 숨진 아이도 있었다더라. 요즘 양악수술 하다가 죽는 사람이 있듯이."
"2000년 전에도 교육이 장난 아니었군요."
"그래, 남보다 앞서려면 그만큼 노력이 필요하지. 너도 엄마의 심정을 이해하렴."
"그래서 딱 일주일만 놀다가 엄마의 스케줄에 맞추려고 하잖아요. 내일 저도 같이 박물관에 가고 싶어요."
"사실 이러한 것이 더 교육적인데 엄마들은 대부분 마음이 급하지. 할머니도 너희 엄마 키울 때 그랬단다."
"정말요? 할머니는 안 그러셨을 것 같은데."
"살아보니 그런 점이 후회되더라. 그래서 너희 엄마에게 간곡히 부탁했지."

"역시 외할머니는 왕짱이셔!"

민아는 외할머니 어깨를 조물조물 안마해드리고 난 후 서재로 가서 가야 역사책을 보기 시작했어요.

가덕도 외양포

"아빠, 이런 곳에서도 사람이 살아요?"

"근대건물을 보존하느라고 개발을 못 한단다."

호야는 TV 드라마에 나옴직한 판잣집을 신기한 듯이 돌아보았어요.

"일본군은 1904년 이곳에 일본군 포진지를 만들고 지키느라 외양포 주민들을 강제로 이주시켰단다. 해방되어 고향을 떠난 사람이 돌아오자 정부에서는 추첨을 통하여 사람들을 적산가옥에서 살게 했지."

"그럼 낙첨된 사람들은 어디로 갔나요?"

"다른 곳에 흩어져 살게 되었지. 처음엔 추첨을 받은 사람들은 횡재했다고 좋아했지만 결국에는 자기 명의로 된 집이나 땅을 못 가져서 가난하게 살 수밖에 없었단다."

"왜요?"

"아마 국방부에 소속된 땅이라 개인소유가 안되나 봐."

"와! 저기 저 수숫대는 빨강 파랑 망을 쓰고 있군요."

"참새떼들이 열매를 까먹을까 봐 양파망을 씌웠나 보네."

"키도 큰 수숫대가 저 망을 쓰고 있으니 설치예술 같아요."

디자인에 관심 많은 호야가 멋진 표현을 하는군요.

아빠는 성큼성큼 포진지 쪽으로 걸어갔어요.

외양포의 비극은 1904년 진해만을 탈취한 일본의 요새사령부 설치로부터 시작되었다고 해요.

일본군이 가덕도 남쪽에 있는 외양포에 상륙해서 러시아 함대가 지나갈 때 기습 공격할 목적으로 포대사령부를 설치했대요.

일본군들이 포대와 막사를 건설할 때 강제로 고향을 떠나야 했던 외양포 사람들의 심정은 어땠을까요?

보상을 많이 해준 것도 아니고 조상 대대로 평화롭게 살아온 둥지를 떠나 낯선 곳에 이주해야 했던 사람들.

해방이 되어서 기쁘게 고향에 돌아왔건만 추첨받지 못하고 또다시 떠나야 했던 사람들. 추첨받아서 한평생 건물을 지키고 땅을 가꿔온 사람도 집과 땅을 자기 소유로 하지 못하고 자손들에게도 고향의 둥지를 물려주지 못하는 외양포 주민들.

"아빠, 밭과 바다가 함께 있는 이곳은 옛날에는 정말 살기 좋은 어촌이었을 것 같아요."

"그러니까 여수에서 뱃일하던 훤칠한 총각이 이 가덕도의 해녀에게 반해서 결혼하여 가덕도 바다에서 평생 고기를 잡고 살았다고 하더라. 남자가 고향을 떠나 살기가 쉽지 않은데 여기가 그만큼 물 좋고 정자 좋은 곳이니까 그러했겠지."

"여기 정자는 안 보이는데요."

"하하, 녀석도. 말이 그렇다는 거지."

"여기도 해녀가 있어요? 제주도에만 해녀가 있는 줄 알았는데."

"제주도는 온통 바다라 해녀가 많고. 바다가 있는 곳은 남자는 주로 배를 타고 나가서 고기를 잡고 여자들은 물질을 하여 전복이나 미역을 따서 생활했었지. 부산 이기대에도 해녀들이 활동하던 곳이 남아있단다."

포진지에 올라가니 마을 주민 한 분이 쉬고 계셨어요.

"어르신, 가덕도는 어떤 곳인가요?"

"옛날부터 가덕도는 살기 좋은 곳이었지요. 일제강점기에는 '소겡군 뎅가면'이라 했는데 해방되고 '창원군 천가면'이 되었지요. 면장이 군수를 몰고 다닌다는 소리를 들을 정도로 잘 살았어요. 바다의 말뚝 하나에 담치가 몇 가마씩 나왔어요. 고둥, 낙지도 많았고요. 가덕도엔 이런 말이 있었어요. '죽은 송장이 거제 산 사람 셋을 거둔다.' 할 만큼 사람들이 똑똑하고 생활력이 강했어요."

어르신은 신이 난 듯이 말씀하셨어요.

"가덕도에 살면서 가장 아쉬운 점은 무엇인지요?"

"신항 때문에 어업이 중단되어서 분통이 터지지요. 학교도 폐교가 되어 다 늙은이들뿐이고. 고기잡이가 잘되면 대학 공부시킨 자식들도 다시 돌아올 텐데…."

호야는 신항만에 큰 배가 들락날락하는 것을 보고 신항이 생겨서 부산의 경제가 나아질 것 같아 좋아했는데 빛이 강하면 그림자도 진하다는 뜻이 무엇인지 어렴풋이 깨달았어요. 문득 어른이 되면 좋은 세상을 만드는 데 도움이 되는 사람이 되고 싶어졌어요.

황지

- 낙동강 발원지

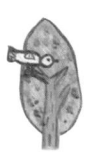

"나무아미타불, 나무아미타불…."

삽짝 밖에서 스님 한 분이 염불하고 있네요.

탁발을 하러 다니는 탁발승이었어요.

남루한 옷차림을 한 스님의 바랑에는 가난한 이웃들이 시주한 보리쌀이 조금 들어있었지요.

"이놈! 중놈아, 네게 줄 쌀이 어딨노? 쌀이 있어도 못 준다. 아나 똥이나 받아라."

황 부잣집 노랭이 영감이 스님의 바랑에다 똥을 퍼주었어요.

그때였어요.

별안간 하늘이 캄캄해지더니 뇌성벽력이 울리고 세찬 물줄기가 황 부잣집을 사정없이 무너뜨렸어요.

얼마 후 황 부잣집은 홍수에 다 떠내려가고 그곳에 연못이 생겼어요.

그 연못이 낙동강 발원지 황지라고 해요.

태백시청에서 1530m를 걸어가면 시내 한가운데 낙동강이 시작되는 황지가 그렇게 생겼다는 전설이지요.

황지에서 40리 정도 북상하면 검룡소가 나오는데 그곳은 한강의 발원지래요.

옛날에 이무기가 검룡소에 살면서 주민들이 방목한 소들을 야금야금 잡아먹었대요. 그러다가 주민들에게 들켜서 용으로 승천하지도 못하고 자기가 살던 검룡소도 주민들이 메워버렸다는군요.

검룡소는 향토사학자 김강원 선생이 지도를 뒤지고 발로 뛰면서 찾아낸 샘물이래요. "일제강점기 때 이 샘물을 흙으로 메꾸고 임도를 만들었는데 해방되고 버려졌던 길이 망가지면서 샘이 다시 나타났다."고 김강원 선생님이 말했어요.

마이산 중턱에는 가는 물줄기가 나오는데 한쪽은 흘러가서 금강이 되고 다른 한쪽은 섬진강이 된다 하네요.

이처럼 넓은 강물도 발원지는 작은 물줄기에 지나지 않네요.

남북통일이 되면 두만강과 대동강이 어디서 시작되었는지 그 발원지에 가보고 싶어요.

제7부
인도에서 가야까지

현명한 쇼핑

준아는 엄마와 함께 백화점에 쇼핑하러 갔어요.

엄마가 청바지 하나 사준다고 해서 따라나선 거지 엄마와의 쇼핑은 별로예요.

"준아, 저쪽에 가보자. 50% 할인이래. 반값이네."

엄마는 백화점에 들어서자마자 무얼 사러 왔는지 잊어버리고 사람들이 모여들어 물건을 고르는 곳으로 달려갔어요.

준아는 멀찌감치 서서 엄마를 기다렸어요.

한참 있다가 엄마가 옷을 몇 개 들고 왔어요.

"살 계획 없었는데 충동 구매한 것 같아. 그래도 반값에 샀으니 이

득인 것 같기도 하네."

"엄마, 여자는 필요 없는 것 2만 원짜리를 1만 원 반값에 사고 남자는 필요한 것 1만 원짜리를 2만 원에 산대요. 그러면 어느 쪽이 현명한 쇼핑일까요?"

"녀석도, 꼭 아빠같이 말하네. 둘 다 현명한 쇼핑이 아니네."

"엄마 닻내림효과라고 들어봤어요?"

"글쎄, 처음 듣는 단어구나."

"배가 항구에 도착해서 닻을 내리면 배는 닻에 묶인 밧줄 반경 이상으로 움직이지 못하듯이 어떤 판단을 할 때 처음 제시된 숫자나 이미지가 기준점이 되어 이후의 판단결과를 제한하는 것을 닻내림효과라고 해요."

"아하! 그래서 사람들이 세일이라고 하면 사족을 못 쓰는구나."

준이는 신문에서 읽은 이동귀의 심리학 이야기를 엄마에게 얘기해드렸어요.

마트에서도 이런 닻내림효과를 이용한 할인행사를 많이 한대요.

잘 안 팔리는 7000원짜리 장난감이 있으면 1만 원이라고 적고 X표를 한 다음 30% 할인해 7000원에 판다고 표시하면 사람들이 잘 사 간대요.

할인받았으니까 이득이라고 생각하기 때문이래요.

기준점 1만 원에서 3000원을 빼준다니까 싸게 산다는 생각이 든다는 거지요.

비싼 물건들을 여러 개 진열해놓고 그중에 가격이 낮은 물건을 맨 나중에 배치하면 사람들은 앞에 있는 비싼 물건을 보면서 너무 비싸서 못 사겠다고 생각하다가 뒤에 싼 가격이 나오면 사는 게 이득이라는 생각을 하게 된대요. 앞에 배치한 물건들이 기준점이 되면서 싼 물건에 지갑을 열게 된대요.

이렇게 닻내림효과는 충동 구매의 가능성을 높인다고 해요.

"기업들의 마케팅 전략이네."

"그러니까 할인한다고 무조건 사면 안 돼요. 현금할인과 쇼윈도 상품진열도 충동 구매를 촉진하는 역할을 한대요."

"충동 구매를 막으려면 쇼핑가기 전에 살 물건들을 미리 메모지에 적고 꼭 살 물건만 사야겠네."

엄마와 준이는 청바지와 아빠 와이셔츠를 사고 점심을 맛있게 먹고 집으로 돌아왔어요.

강릉까지 혼자 간대요

"내일 방학하면 모레 강릉 이모 댁에 다녀올게요."
"엄마, 아빠 요즘 바쁜 거 알지?"
"그러니까 혼자 간다고요."
"정말? 혼자 다녀올 수 있겠어?"
"그럼요. 외국도 아닌데 저 혼자 갈 수 있어요."

석이는 인터넷으로 노포동 동부 터미널에서 강릉 가는 버스 시간을 찾아봤어요. 오전 11시 20분에 가는 버스가 좋을 거 같아요.

이모와는 며칠 전부터 통화했어요.

석이가 대구에 있는 고모 댁에 자주 놀러 간다는 걸 알고 있기에 6

학년이 되면 강릉이 멀지만, 꼭 다녀가라고 신신당부했거든요.

부산에서 강릉까지 5시간 정도 걸리는데 석이가 출발할 때 연락을 하면 도착 시간 전에 이모가 나와서 기다린다고 했어요.

아빠가 퇴근하여 오시자마자 엄마는
"석이가 강릉까지 혼자 간대요."하며 말을 꺼냈어요.
"뭐? 혼자서? 사나이가 그런 정도 배짱은 있어야지."
아빠는 석이 어깨를 툭툭 치며 호탕하게 허허 웃었어요.

방학하고 다음 날 아침에 석이는 아침을 먹자마자 물 한 병과 귤 2개를 싸서 배낭에 넣었어요. 속옷과 양말, 잠옷과 칫솔 등은 이모와 통화한 날에 이미 준비해뒀답니다.
"점심은 어떻게 하려고?"
"터미널에서 김밥 한 줄과 과자 한 봉지만 사면 돼요."
"그럼 이 용돈을 두 군데 나누어 하나는 배낭 깊은 곳에 넣어두고 하나는 교통카드 지갑에 넣어 사용하렴."
엄마는 용돈을 건네주고 바쁜 듯이 출근하셨어요.
석이는 자기 방을 대충 정리하고는 강릉 이모 집을 향하여 혼자 여행을 떠났어요.
아파트 정문 앞에서 친구 훈이를 봤어요.

푸석한 얼굴로 학원 차를 기다리고 있군요.

"석아, 너 배낭 메고 어디 가노?"

"응, 난 강릉에 계시는 이모 댁에 간다."

"누구랑?"

"나 혼자 간다."

"혼자? 정말 혼자서 갈 수 있어?"

"그럼, 사나이가 까짓거 강릉까지 혼자 못가?"

석이도 사실 조금 걱정은 되지만 친구 훈이 앞에서 큰소리를 치고 나니 왠지 용기가 솟아났어요.

"좋겠다. 갔다 와서 함께 놀자."

훈이는 부러운 눈길을 주고는 학원버스를 향해 걸어갔어요.

터미널 매표소에서 강릉 가는 표를 끊고 나니 30분 정도 시간이 있었어요.

화장실에도 들리고 김밥 한 줄과 과자도 샀어요.

출발 10분 전에 강릉행 버스를 타고 이모와 통화하였어요.

정확한 시간에 버스가 출발하자 가슴이 두근거리는지 설레는지 묘한 감정이 들었어요. 대구 고모 집에는 몇 번 혼자서 갔지만 이렇게 먼 곳까지는 처음이거든요. 자신이 생각해도 자기가 용감하다는 자신감이 들었어요. 친구들은 학교공부는 물론 학원이나 과외 다니느라 얼굴이 누렇게 뜰 정도로 햇빛도 못 보고 사는데 비교적 석이는 자기가 하고 싶은 생활을 한답니다.

도서관에 가서 읽고 싶은 책을 마음껏 읽고 휴일에는 부모님과 함께 박물관이나 미술 전시회에도 가고 영화도 보고 짧은 여행도 자주 가지요.

부모님께서 휴가를 받으면 외국 여행도 함께 하고 여름에는 주로 전라도 지방, 겨울에는 눈이 오는 강원도 지방으로 여행을 해요.

가족끼리 함께 할 수 있을 때 여행을 통해 추억을 쌓는 것이 좋다는 부모님의 인생관이 석이도 좋아요.

직장생활에 얽매어 그다지 삶을 여유롭게 살지 못하는 부모님은 석이가 어떤 직업을 가지든지 사회에 봉사하고 여행을 즐겼으면 한답니다.

그런 부모님 인생관 덕분에 석이는 새로운 농작물을 기르는 농부를 꿈꾸다가 고래를 잡는 어부를 꿈꾸다가 이것저것 호기심을 갖고 탐구하고 있답니다.

강릉행 버스는 동해를 끼고 달렸어요.

바닷가 근처에는 유달리 소나무 숲이 많군요.

바람을 막아주는 방풍림 역할을 하는 것 같아요.

2시간 남짓 달리다가 휴게소에 들렸어요.

석이도 버스에서 내려 화장실에 가서 볼일도 보고 손을 씻었어요.

차 안에서 김밥과 귤을 먹고 나니 버스가 또 달립니다.

영덕을 지나가니 영덕게 광고를 하는 깃발이 펄럭거립니다.

석이도 부모님과 몇 번이나 영덕게 먹으러 온 적이 있어요.

3월 말에 게살이 맛있는지 그때 축제를 한다고 해요.

이름이 멋있는 파도소리 민박집도 보이고 멀리서 풍력발전단지도 보입니다.

바닷가에는 바람이 세서 그런지 제주도 바닷가에도 풍력발전단지가 있더군요. 풍력이나 태양광 사용을 차츰차츰 늘리고 원자력발전소는 더 늘리지 않아야 지구환경을 보호하는 데 도움이 된대요.

바닷가 갯바위 위에서 낚시하는 사람들이 보입니다.

해돋이라는 단어나 일출이라는 이름을 가진 음식점이 동해 쪽이라서 그런지 유달리 많은 거 같아요.

1시간 정도 깜빡 졸았나 봐요.

눈을 떠보니 망상초등학교가 보입니다.

"여기가 어딜까?"

이리저리 살펴보아도 알 수가 없네요.

한참을 가니 강원도 강릉시라는 표지판이 나타났어요.

거의 다 온 거 같아요.

곧이어 강릉 제1터널이 나왔어요.

주위가 온통 산 뿐인 길을 또 달립니다.

강릉 제2터널도 지나갑니다.

강릉 제3터널도 지나갑니다.

강릉 제4터널도 지나갑니다.

응달진 곳에 눈이 쌓여있는 풍경이 눈에 들어왔어요.

강릉 제5터널이 제일 긴 거 같아요.

그곳을 빠져나오니 오른쪽으로 멀리 도시가 보였어요.

도시너머로 바다가 펼쳐져 있군요.

드디어 강릉 톨게이트를 통과했어요.

먼 산에 하얗게 눈이 쌓여있는데 겨울 산이 눈 모자를 쓴 거 같아요.

강릉 버스터미널에 도착하니 이모가 석이를 반깁니다.

"우와! 우리 석이 이제 다 컸구나. 이렇게 혼자서 강릉까지 오다니."

이모는 석이를 기특하다고 칭찬하며 꼭 안아주셨어요.

"이모 안녕하셨어요. 이모부도 잘 계시죠?"

석이는 약간 어른스럽게 인사를 하였어요.

"엄마, 나 강릉에 도착해서 이모 만났어요."

진이는 엄마가 걱정할까 봐 얼른 통화한 다음 '제가 생애 최초로 강릉까지 혼자서 왔답니다.' 아빠에게도 자랑스럽게 문자메시지를 보냈답니다.

은성갱에서

묵이는 할아버지와 함께 문경새재에 놀러 갔어요.

할아버지 고향이 문경이라 다리 성할 때 갔다 오자고 했는데도 다들 바빠서 묵이만 따라갔어요.

"할아버지 갱이 뭐에요?"

"갱은 갱도를 줄인 말로 석탄을 캐내기 위해 땅속으로 뚫은 길을 갱이라 한단다."

"할아버지도 여기에서 석탄을 캤나요?"

"그럼, 그때 우리 동네 젊은이들이 농사짓는 것보다 수입이 좋다고 여기에 취직을 많이 했단다."

은성갱은 1963년에 뚫어서 1994년 은성광업소가 문을 닫을 때까지 사용했대요. 광부들은 이 갱도를 하루에 3번(갑방, 을방, 병방) 번갈아 드나들며 석탄을 캐고 선탄장으로 운반했답니다.
　갱도의 깊이는 약 800m고 이곳에 일한 사람이 4300명이나 되었대요. 질이 높은 석탄을 해마다 30만 톤 이상을 생산한 곳이라네요.

"할아버지 왜 쥐가 광부의 친구였나요?"
"갱내에 쥐가 살고 있다는 것은 해로운 가스가 없다는 걸 의미하지. 영리한 쥐의 움직임을 보고 출수사고나 붕괴사고 등을 미리 알 수 있어 대피할 수 있었지."
"그래서 도시락을 드시다가 쥐나 나타나면 '너도 먹어라.' 하면서 주셨군요. 쥐는 그걸 얻어먹으려고 갱 안에서 살았고요."
"그럼 그럼, 세상에는 공짜가 없단다."
"그래도 이렇게 위험한 곳에서 일하느라 힘드셨겠네요."
"광부들이 작업하는 곳을 막장이라고 하는데 기온이 30도를 웃돌았지. 지하갱도는 물이 나오기 때문에 습도도 높았단다. 땀이 나면 옷을 짜서 입기도 하고 방진 마스크는 숨이 차서 뺄 때가 많았지. 그러면 금방 콧구멍이 막히고 입속이 까맣게 되었단다."

"부모님 봉양하랴, 동생들 공부시키랴, 또 결혼해서는 자식들 교육시키랴. 이 한 몸 희생했지." 하시며 껄껄껄 웃으시는 할아버지 얼굴이 더 핼쑥해졌어요.

할아버지는 석탄가루를 많이 마셔서 진폐증을 앓고 계시거든요.

"할아버지, 일하다가 사고로 돌아가신 분도 많죠?"

"내 친구도 여러 명 사고로 잃었지. 그래도 부인들을 선탄장에서 일할 수 있게 취직을 시켜주었단다. 여성 광부들은 석탄생산과정의 마지막 단계인 석탄과 돌을 분리해내는 선탄작업을 했지. 겨울철에 아이를 업고 얼어붙은 석탄과 돌을 분리하느라 손발이 동상에 걸리기도 했단다."

"정말로 힘들게 사셨군요."

묵이는 조그만 일에도 엄마에게 짜증을 낸 것이 마음에 걸렸어요.

"탄광이 들어서기 전 이곳은 도탄이라는 조용한 농촌 마을이었단다."

"이제 문경새재에는 드라마 세트장도 생기고 완전 관광지가 되었네요."

"그렇구나. 뽕밭이 변해 바다가 된다는 상전벽해 같구나."

"지금 연탄 사용하는 집은 거의 없어졌지. 간혹 고깃집 같은 데서 '연탄구이' 하면서 사용하지."

"1980년대 들어서면서 국제 유가가 안정되고 국민 생활 수준이 향상되면서 청정에너지에 대한 선호도가 높아져서 그렇대요."

"그때는 고향을 떠나 공장에 다니거나 자취하는 학생들이 저녁에 연탄을 피우고 자다가 변을 당하기도 했단다."

"연탄가스 마셨을 때 동치미 국물이 특효라면서요?"

"그렇게 동치미 국물을 마셔 다행인 경우도 있었지만, 불행한 일이 생기기도 했지."

정부는 1987년에 석탄산업합리회사업단을 설립하였고 차츰 334개의 탄광을 폐광시켰어요.

일제강점기 때 일본이 한국에서 자원 수탈을 위해 석탄개발을 하였고 해방 이후에 석탄은 가장 중요한 에너지원이 되었어요. 지금은 도시가스가 있어 차츰차츰 사라져가고 있는 석탄산업.

묵이는 할아버지의 애환이 서린 은성갱을 돌아보고 많은 생각을 하였답니다.

연필로 밥 먹는 나라

"아빠 연필로 밥 먹는 나라에 언제 가나요?"

"아마, 내년쯤 가게 될 거 같아."

"아빠 향과자 많이 많이 사 오세요."

"초코렛 바른 길쭉한 과자 말이지?" 진수가 고개를 끄덕였어요.

"그건 향과자가 아니고 빼빼로라고 한단다."

"빼빼로? 빼빼로, 과자 이름 참 재미있군요."

진수의 아빠 라즈니쉬는 작년 대한민국에 태권도를 배우러 갔다 왔어요.

진수는 아빠가 한국 얘기를 해줄 때마다 눈을 반짝거리며 듣지요.

잘 살고 깨끗한 한국 풍경이 눈앞에 신기루처럼 펼쳐져요.

진수도 얼른 자라 한국을 배우고 연구하여 자기 마을도 꼭 그렇게 만들고 싶어요. 진수가 이렇게 말하면 아빠는 진수가 최고라는 뜻으로 엄지척을 해요. 엄마도 곁에서 흐뭇한 미소를 짓는답니다. 그럼 아빠의 한국체험을 들어보실래요.

아빠가 한국에 가서 첫 음식으로 무얼 먹을까 설레며 메뉴판을 보았어요.

낙지볶음, 해물탕, 생선구이, 돼지두루치기, 돌솥밥 등 많은 것이 있었지만 밥이라고 적힌 것은 돌솥밥뿐이었대요.

'여기 사람들은 밥을 안 먹고도 사나?'

아빠는 다가온 식당 아줌마에게 돌솥밥을 시켰어요.

그리고 나서 아줌마가 두고 간 물수건으로 손을 깨끗이 닦았어요.

물컵에 담긴 물로 목을 축이고 길쭉하게 생긴 종이봉투를 열었어요.

거기에는 값지게 생긴 연필이 들어있지 뭐예요.

'와우! 내가 공부하러 온 걸 어떻게 알고 연필을 선물하지?'

아빠는 가방 속에 연필을 얼른 넣었어요.

조금 있다가 반찬을 가지고 온 아줌마는 반찬을 식탁에 다 놓고 나서 고개를 갸우뚱하더니 또 연필 봉투를 갖다 주었어요.

'한국 인심이 이렇게 좋다니! 또 연필을 선물하네.'

아빠는 또 연필을 가방 속에 넣어두고 손으로 반찬을 먹었어요.

음식이 하나같이 입맛에 맞아 다 먹었대요.

어떤 사람이 손으로 반찬을 먹는 아빠를 힐끗 쳐다보았지만, 아빠는 상관하지 않았대요. 아빠는 연필로 밥을 먹는 사람들이 이상했지만 한국은 그런가보다라고 생각했기 때문이죠.

인도에는 손으로 밥과 반찬을 먹지요.

까만 돌솥을 아빠 앞에 놓고 아줌마는 다른 사람이 부르니까 가버렸어요.

아빠는 돌솥을 손으로 쥐고 뚜껑을 열다가

"앗 뜨거! 뜨거!" 그만 자기도 모르게 큰소리를 쳤어요.

식당 안의 사람들이 아빠를 쳐다보았어요. 아빠는 창피해서 손바닥이 불에 댄 듯 화끈거렸지만, 겨드랑이에 끼우고 꾹 참았대요.

그리고는 다른 사람들이 돌솥 뚜껑을 어떻게 여는지 살펴보았어요.

물수건으로 감싸서 뚜껑을 열고 그 안에 있는 밥을 다른 그릇에 옮겼대요.

돌솥 안으로 뿌연 물을 붓고는 숟가락으로 휘휘 젓는 것을 보고 돌솥 설거지도 손님이 해야 하는가보다 생각했답니다.

그런데 다른 좌석의 손님이 그 설거지 한 물을 먹으면서
"어! 구수하다. 시원하다." 이렇게 말했대요.

아빠는 모든 게 이상했지만, 로마에 가면 로마법을 따라야 한다는 속담을 기억해 내고는 한국식으로 그 물을 먹었대요.

그런데 거짓말같이 아빠 입에서도 '어! 시원하다.'라는 소리가 저절로 나왔대요. 숭늉이라는 그 물이 정말로 아빠의 속을 편안하게 진정시켜 주었다는군요.

하여튼 대한민국은 아빠에게도 진수에게도 가고 싶고 닮고 싶은 이상적인 나라랍니다.

아빠는 평소에 동물을 비유하여 칭찬도 하고 나무라기도 해요.

두루미와 까마귀처럼 공부해야 한대요.

두루미는 벌레를 잡을 때 집중하고 있다가 한 번에 벌레를 잡는다고 해요. 처음에 놓치고 두 번째 잡으려 하면 벌레는 이미 도망을 치고 없대요. 벌레도 살아야 하니까요.

공부 시간에 선생님 말씀을 집중하여 들어야지 다시 듣기는 힘들겠죠.

또 까마귀처럼 끈질기게 노력하여 목적한 바를 이루어야 한대요.

물항아리에 물이 조금 있으면 주둥이가 짧은 까마귀는 돌멩이를

물어다 넣은 후 물이 위로 올라오게 하여 그 물을 먹는답니다.
 까마귀가 어떻게 그런 생각을 하는지 신기하지요.
 할머니는 진수가 잘 자고 잘 먹고 아침 일찍 일어나 할머니를 도와준다고 "우리 강아지 착하기도 하지." 하며 칭찬을 해요. 아빠는 "강아지는 잡념이 없어 잘 자고 사람들이 근처에 가면 얼른 일어나 집을 지키는 영리한 동물이다."고 칭찬하고 고양이는 먹을 것을 훔쳐 간다고 싫어해요.
 그런데 어쩌다가 진수가 말을 안 들으면 "네가 당나귀야." 하며 나무랍니다.
 당나귀는 무거운 짐을 잔뜩 지고 있어도 주인의 마음을 모르고 때리지 않으면 움직이지 않는 둔한 동물이니까요.

 인도에는 이심전심으로 통하는 게 많아요.
 부처님께서 연꽃 한 송이 들고 사자좌에 앉아계실 때 가섭존자만 그 뜻을 알고 빙그레 미소 지었대요.
 염화시중의 미소가 그때 탄생하였지요.
 그래서 가섭존자께서 부처님 정법을 잇는 제자가 되었답니다.
 인도에 신호등이 없는 걸 다른 나라 사람들이 신기하게 생각한대요.
 인도 사람들은 자전거, 오토바이, 툭툭이, 개와 소, 관광차가 뒤엉

킨 거리에서도 눈치껏 잘 다니지요.

모두 이심전심이 통하니까요.

하지만 인도가 세계화가 되려면 언젠가는 도로교통법도 다른 나라와 같아야 하겠지요.

진수가 어른이 되면 세계 사람들이 오고 싶은 편리한 나라 인도를 만들 거예요.

인도에서 가야까지

"오늘은 향토사학자 선생님께서 여러분에게 이 고장의 역사를 알려줄 거여요."

담임 선생님이 소개하신 선생님은 인자하신 할아버지 같았어요.

"여러분, 이 고장이 에코델타시티 수변도시로 바뀌게 됩니다. 그래서 삼광초등학교 학생들은 모두 전학을 가야 해요."

"정말요? 언제부터인가요?"

"아마 곧 발표가 날 거예요. 그래서 선생님은 여러분이 이 학교를 떠나기 전에 이 고장의 역사를 가르쳐주고 싶답니다."

"친구들과 헤어지면 너무 슬플 거 같아요."

건이가 노나를 돌아보며 말했어요.

"그렇겠군요. 이 고장이 에코델타시티 도시가 되면 환경도 좋아지고 더 발전되겠죠. 2000여 년 전에 이곳은 바다였어요."

"정말이에요? 하긴 천자도니 수봉도, 송백도, 순아도라는 지명이 많아 예전에 섬이었나 하는 생각을 해본 적 있어요."

역사와 지리 공부를 잘하는 금희가 어른스럽게 말했어요.

"오늘은 여러분에게 딱딱한 역사 공부보다는 가야역사에 대한 동화를 한편 소개할게요."

친구들은 사학자 할아버지께서 공부보다는 동화를 읽어 주신다는 말에 손뼉을 치며 즐거워했어요.

동화는 강서문인협회 회장 혜원 선생님이 쓴 것이래요.

옛날 옛날에, 가야에서 아홉 촌장이 모여 나라의 앞날을 의논했어요.

"우리 가야를 다스릴 왕을 구해야 할 텐데 걱정이구려."

"이렇게 하면 어떨까요?"

"어서 대안을 제시하여 보시오."

"삼월 삼짇날에 음식을 정성껏 차려놓고 산신을 모셔 거룩하게 대접을 합시다."

"그래도 왕을 주시지 않으면?"

"그러하면 군중들을 모아 산신을 협박하면 어떨까요?"

"허허, 그것참 좋은 생각이구려."

　　　거북아, 거북아 머리를 내놓아라
　　　머리를 내어놓지 않으면 구워서 먹으리

수백 명의 군중이 발로 땅을 치고 손뼉을 치며 노래를 부르자 하늘에서 거룩한 음성이 들리더니 붉은색 두레박이 내려왔어요.

놀랍게도 그 속에는 거북이 알이 여섯 개 들어있지 뭐예요.

아도간이 집으로 가져가 선반 위에 고이 모셨더니 이튿날 여섯 동자가 깨어났어요.

그중에서 제일 크고 튼튼한 맏이를 수로왕으로 받들었어요. 수로왕은 하루가 다르게 쑥쑥 자라서 9척 장신의 늠름한 왕이 되어 나라를 평안하게 다스렸어요.

수로왕 7년에 아홉 장관들이 모여 수로왕의 배필을 구해야 한다고 의견이 분분했어요.

"수로왕께서 좋은 배필 맞아 후손을 두어야 할 텐데 걱정이구려."

"누가 수로왕께 간곡히 고해 보시구려."

한 장관이 수로왕께 이러함을 고하자 수로왕께서

"내가 이곳에 내려온 것은 천명이오. 때가 되면 하늘이 정한 임자가 올 것이니 염려 마시오."

하시며 호탕하게 껄껄 웃으셨어요.

수로왕께서는 꿈에 계시를 받았다면서 7월 7일에 신붓감이 빨간 돛을 단 배를 타고 온다는 놀라운 사실을 발표했어요.

7월 7일에 장관들이 망산도에 가서 빨간 돛을 단 배를 기다렸어요.

과연 수평선 저 멀리서 가물거리는 물체가 보이기 시작했어요.

배가 점차 가까워지니 정말로 빨간 돛을 단 배였어요.

장관들은 얼른 연기를 피워 왕궁에 계시는 수로왕께 이 사실을 알렸어요. 우리나라 역사상 최초의 봉수대였지요.

명월산에서 만나기로 약속한 김수로왕과 허황옥 공주는 마음이 무척이나 설렜어요.

공주는 수로왕을 만나기 전에 비단 치마를 벗어 이 산의 산신님께 폐백을 올렸어요.

드디어 두 분이 만났어요.

인도에서 가야까지 머나먼 여정에도 불구하고 공주의 모습은 천상의 선녀인 양 눈이 부셨어요.

명월산 아늑한 자락에 장막을 치고 수로왕께서 공주를 친히 맞이하여 이틀 밤 하루 낮을 보냈어요.

그리고는 허황후와 함께 환궁했지요.

훗날 두 분의 큰아들은 거등왕이 되었고 7명의 왕자는 하동 칠불사에서 스님이 되었어요.

금슬이 좋은 김수로왕과 허황후는 150세가 넘도록 행복하게 오래오래 살았다고 해요.

향토사학자 선생님이 가시고 난 후 담임 선생님이 들어와서 가야역사에 대한 얘기를 더 해주셨어요.

"가야역사 공부를 동화를 통해 들으니 어땠어요?"

"재미있었어요. 다음에도 동화를 들려주면 좋겠어요."

"김수로왕께서 명월산에다 명월사를 지어 새 왕조의 태평성대를 기원하고 부인과 세자를 위해 진국사와 흥국사를 창건했어요."

"그럼 그 불사는 허황후의 오빠 장유화상이 맡아서 했나요?"

역시 역사에 관심이 많은 금희가 수준 높은 질문을 하는군요.

"네, 그랬었죠. 이처럼 인도에서 직접 전수된 가야불교는 남방불교라고 하지요."

"고구려 소수림왕 때 중국에서 들어온 불교는 북방불교이구요."

"금희는 훗날에 역사학자가 되면 좋겠군요. 허황후께서 타고 오신 배에 돌을 싣고 왔는데 지금 수로왕비릉 앞에 있어요."

"파사탑인데 파도를 잠재웠다고 진풍탑이라고도 한다던데요."

"금희는 선생님보다 더 잘 아는군요. 이 탑은 원래 호계사에 있었으나 1873년에 절이 폐사되자 김해부사 정현석이 수로왕비릉으로 옮겼다고 해요."

"1993년 5월에 영구 보존하기 위해 보호각을 세웠는데 저의 아버지께서도 그 자리에 있었다고 해요."

"참, 금희 아버지도 역사학자시지? 역시나."

선생님과 금희가 죽이 맞아 역사 얘기를 주고받자 건이와 노나는 좀 부끄러운 생각이 들었어요.

지금 당장이라도 도서관으로 달려가 역사책을 읽고 싶어졌어요.

그래도 건이는 용기를 내어 손을 들어 질문했어요.

"가야불교가 북방불교보다 몇백 년 앞서 들어왔다는데 사실인가요?"

"맞아요. 건이도 잘 알고 있군요. 역사의 주인공인 신라에 밀려 가야역사가 묻혀있지만, 선암다리가 있는 곳은 국제무역항이었어요. 가야국에서는 중국어를 잘하는 관리도 두고 아랍어, 인도어를 잘하는 관리도 두었지요. 그 관리들의 집 자녀는 어릴 때부터 외국어를 배웠다고 해요. 지금보다 더 조기교육을 시킨 셈이죠."

수업을 마치는 종이 울렸어요.

건이와 노나는 서로 눈짓을 한 다음 도서관으로 향해 달렸어요.

"운동장으로 나가 놀기로 했잖아."

금희가 뒤따라가며 소리를 질렀지만 소용없었어요. 그 후로 삼총사의 놀이터는 도서관이 되었지요.

이 도서의 국립중앙도서관 출판예정도서목록(CIP)은 서지정보유통지원시스템 홈페이지(http://seoji.nl.go.kr)와 국가자료종합목록 구축시스템(http://kolis-net.nl.go.kr)에서 이용하실 수 있습니다. (CIP제어번호 : CIP2019022062)

손순이 동화집

아유타국에서 가야까지

인쇄일 | 2019년 6월 15일
발행일 | 2019년 6월 22일
지은이 | 손순이
펴낸이 | 최장락
펴낸곳 | 도서출판 두손컴(출판등록 제329-1997-13호)
       부산광역시 부산진구 부전로35, 301호(부전동, 삼성빌딩)
       T. 051-805-8002 F. 051-805-8045
       E-mail. doosoncomm@daum.net

ⓒ 손순이 2019
값 12,000원

ISBN 979-11-88678-60-0 03810

* 저자와 협의에 의해 인지를 생략합니다.
* 잘못 만들어진 책은 바꾸어 드립니다.